ブルーガイド
てくてく歩き ⑮

沖縄 那覇

JN206638

目次　てくてく歩き── 沖縄・那覇

Page	Contents
4	目的地さくいん地図
6	珊瑚に囲まれた奇跡の島へ
10	ベストシーズンカレンダー
12	沖縄本島を遊びつくそう
14	沖縄を旅するモデルプラン
18	海洋博公園・沖縄美ら海水族館
20	東御廻りを訪ねて
23	久高島で祈りをこめて
24	世界遺産を訪れる

那覇・首里

- 26　那覇・首里 まわる順のヒント
- 36　牧志公設市場 周辺探訪
- 38　沖縄料理の名店
- 41　沖縄そば
- 44　オキナワン・カフェ＆スイーツ

46　国際通り
- 52　沖縄みやげ
- 55　壺屋やちむん通り

56　那覇市内・那覇港周辺

61　首里
- 62　首里 まわる順のヒント
- 64　首里城で体感！ 琉球王国の世界

本島中部・北部

- 72　北谷・宜野湾・浦添
- 73　アメリカンビレッジで遊ぼう

- 80　沖縄市（コザ）

- 84　本島東海岸

- 87　読谷

93 恩納リゾートエリア
94 　恩納海岸まるごとリゾート
98 　島めぐりドライブ

99 名護・本部
106 　小さくて静かな離島で日帰りリゾート
107 　カヌーで慶佐次川のマングローブを探検

108 やんばる(本島北部)

本島南部

114 本島南部
121 　小さな島に渡ってのんびり過ごす

宿泊ガイド

旅のプランニング

136 　旅の準備のアドバイス
144 　本島の祭りとイベント
146 　MAP 本島中・南部
148 　MAP 本島北部
150 　さくいん
151 　ブルーガイド トラベルコンシェルジュ

てくちゃん

てくてく歩きシリーズの案内役を務めるシロアヒル。趣味は旅行。旅先で美味しいものを食べすぎてほぼ飛ぶことができなくなり、徒歩と公共交通機関を駆使して日本全国を気ままに旅している。

●宿泊施設の料金は、原則として、一番多いタイプの部屋の1人分の料金です。食事付きの場合は、1人当たりの最低料金を表示しています。ホテルの場合は、Ⓢはシングルルーム、Ⓣはツインルームで、ともに1人当たりの料金を示しています。料金設定はホテルにより異なりますので、予約時にご確認ください。

●店などの休みについては、原則として定休日を載せ、年末年始やお盆休みなどは省略してありますのでご注意ください。LOと表示されている時間は、ラストオーダーの時間です。

●この本の各種データは2019年2月現在のものです(消費税率は8%)。消費税率の変更等により、これらのデータは変動する可能性がありますので、ご承知おきください。

目的地さくいん地図

沖縄を旅する前に、大まかなエリアと注目の観光スポットがどこにあるのか、この地図で全体をつかんでおきましょう。

・辺戸岬 109
大石林山
110
・茅打ちバンタ 109

58

○国頭村
・やんばる 108
与那覇岳
▲503
比地大滝 109

東村

太 平 洋

107 南の島の自然を満喫できるエリア・スポット
63 世界文化遺産に登録されているスポット
18 ぜひ訪れたいポイント
23 この本で紹介しているエリア・スポット

［那覇／国際通り］
国際通りや公設市場などがある沖縄の玄関口
P.26 P.46

［首里］
首里城を始め世界遺産が集まる城下町を巡る旅
P.61

［北谷・宜野湾・浦添］
若者に人気のレジャータウンや王統の歴史を垣間見る
P.72

［沖縄市／本島東海岸］
チャンプルー文化を伝える町と世界遺産と離島を遊ぶ
P.80 P.84

［読谷］
焼物、ガラス器、織物が揃う伝統工芸の里
P.87

［恩納リゾートエリア］
豪華な大型ホテルが立ち並ぶ本島一のリゾートエリア
P.93

［名護・本部／やんばる］
水族館で沖縄の海を満喫して本島一の秘境をドライブ
P.99 P.108

［本島南部］
数多くの戦跡や慰霊碑を訪ね琉球開祖の聖地を巡る
P.114

～南国の風が吹き抜ける日本の楽園～
珊瑚に囲まれた奇跡の島へ

写真・文／小早川 渉

エメラルドビーチ

本島北部にある本部半島。年間約270万人が訪れる沖縄美ら海水族館を併設した海洋博公園内に本島有数の美しさを誇るエメラルドビーチがある。その名の通りエメラルドグリーンに輝く海の奥に浮かぶ伊江島の姿が実に印象的だ。

伊江島 いえじま

沖縄で見ておきたいひとつのお楽しみが、マジックアワー。水平線に夕日が沈み、夜の闇が訪れるまでの約30分間は自然の造形美に心癒やされる極上の時間。とくに備瀬崎から見る夕景は、伊江島のシルエットが美しさを際立たせる。

糸満ハーレー

本土より約1ヶ月早く梅雨を迎える沖縄。それは旧暦5月4日（5月下旬〜6月頃）に行われる糸満ハーレーの始まりを告げる鐘の音で明けるともいわれる。地元の青年や大人達が伝統衣装に身を包み爬竜船で凌ぎを削りあう勇壮な姿は夏前の風物詩だ。

北へ、南へ、気軽に行ける離島へ
沖縄本島の魅力に心ゆくまで浸る

　沖縄の海はおそらく世界中を見渡しても屈指の美しさであるといえる。気象条件や海流など様々な条件がポジティブに働き、悠久の時を経てエメラルドグリーンの海や彩り豊かなサンゴ礁が生まれてきた。

　本島ではその醍醐味を思う存分味わうことができる、まさに南国の楽園だ。西海岸には良質の天然ビーチが並び、それに呼応するように豪華なリゾートホテルが立ち並ぶ。東海岸に目を向ければ、穴場的ビーチがあり、のんびり島時間を過ごせる。離島気分を味わうなら橋でつながった古宇利島や浜比嘉島に足を延ばすのもいいだろう。

　そして忘れてはならないのが西海岸から見える夕日。丸みを帯びた水平線に太陽がゆっくりと沈んでいく光景に、きっと誰もが心奪われるだろう。

小早川 渉
（こはやかわ・わたる）

　2005年に移住以来、那覇を拠点に沖縄の島々を一年中飛び回る風景写真家。風景以外にも水中写真やお祭りなど、沖縄が映し出す"美しい瞬間"をジャンルにとらわれることなく撮り続けている。写真が国内外で使用されるなど幅広いフィールドで活躍中。千葉県出身。
http://okinawa-photo.net

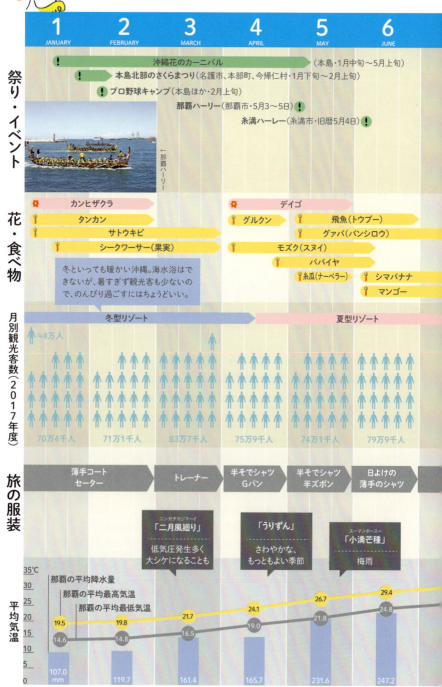

イベント　花　食べ物

7 JULY	8 AUGUST	9 SEPTEMBER	10 OCTOBER	11 NOVEMBER	12 DECEMBER

エイサー（各地・7月中旬～9月上旬）

与那原大綱曳まつり（与那原町・8月上旬）

沖縄全島エイサー祭り（沖縄市・8月下旬の金～土曜）

糸満大綱引（糸満市・旧暦8月15日）

首里城祭（那覇市・10月下旬～11月上旬）

那覇大綱挽まつり（那覇市・10月中旬）

読谷山焼陶器市（読谷村・12月第3金～日曜）

←エイサー

タンカン

シークワーサー（青物）

沖縄の夏は4月中旬から10月中旬。きれいな海で泳いで遊んで、とことんマリンリゾートを楽しめる。

冬型リゾート

90万8千人　100万3千人　83万7千人　79万9千人　76万3千人　71万8千人

帽子 薄手長そでシャツ	半そでシャツ 薄手カーディガン	長そで 薄手カーディガン	トレーナー Gパン

マフェー「真南風」真夏に吹く南風

ミーニシ「新北風」ある日突然吹きだす涼しい秋風。夏の終わり

31.8　31.5　30.4　27.9　24.6　21.2
26.8　26.6　25.5　23.1　19.9　16.3
141.4　240.5　260.5　152.9　110.2　102.8

400mm / 300 / 200 / 100 / 0

平均降水量

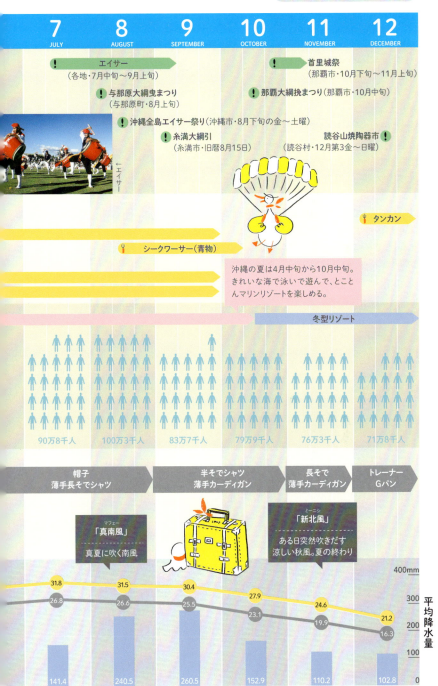

沖縄本島を遊びつくそう

那覇空港に降り立ったら、そこはもう南の楽園、沖縄！おおらかな空気に包まれて、気ままに過ごしてみよう。観光するもよし、ホテルでリゾート気分に浸るもよし。

東京から南西へ約1600km、北緯約26度から27度の間に位置する沖縄本島。南国の日差しや、唄と踊りにあふれた明るさが魅力的であるのも沖縄で、独特な味わい深さの沖縄料理や、美しいビーチの木陰でゆったりと島時間を楽しめるのもまた沖縄だ。

とはいえ、滞在期間が限られている旅行者は、目的に合わせてプランを練っておく必要がある。まずは、本島のどこにどんな魅力があるのかをざっと把握してから旅立とう。

リゾートホテルエリア
那覇から🚗1時間
　沖縄本島のリゾートといえばここ。恩納海岸沿いに大型リゾートホテルが点在する。宿泊者でなくても、ラウンジなどを利用できるので、ドライブの途中に寄るのもいい。p.93、p.124参照。

チャンプルーエリア
那覇から🚗40分(沖縄市基準)
　米軍基地周辺の町にはアメリカと沖縄、日本の文化が混じったチャンプルーな魅力がある。音楽、芸能が盛んであるのもこのため。p.80参照。

はじめの一歩

那覇空港に着いたら、まずは国内線旅客ターミナル1階の到着ロビー中央にある「那覇空港観光案内所」(📞098-857-6884／9:00〜21:00)に立ち寄ろう。観光パンフレットや情報小冊子を入手でき、最新情報も教えてもらえる。

沖縄の玄関口・那覇

　国際通りや公設市場、首里城は、観光旅行で外せないポイント。那覇は少し裏通りに入るだけでおもしろいものが見つかり、街歩きが楽しい。首里城の美しい城郭も見もの。p.36、p.46、p.61参照。

空港での1時間の過ごし方
　空港内には広大なおみやげエリアがある。市内のみやげ店などに比べると、やや値段は高めだが、たいていのものは手に入る。また、出発ロビーにあるDFS那覇空港免税店は、沖縄県外に出る人なら輸入品を免税で購入できる。

　また、沖縄料理の店などもあるので、帰りに最後の沖縄の味を楽しむのもいい。旅疲れをしたのなら、3階のリラクゼーションルーム「イマージュ」(📞098-840-1196／9:30〜20:00)でクイックマッサージを受けてみてはいかが。

恩納からのドライブにもいい
海洋博公園や沖縄美ら海水族館をはじめ、今帰仁城、橋で渡ることができる瀬底島や古宇利島など、見どころが多い本部半島。p.17、p.18、p.99参照。

大自然エリア
那覇から🚗2時間30分(辺戸岬を基準)
沖縄戦の戦火をまぬがれたため、豊かな原生林が広がり、貴重な動植物が多い自然の宝庫。p.108参照。

那覇中心部は便利なゆいレールも！
那覇空港を起点に、県庁前〜牧志〜首里と、観光にも便利な場所を結ぶゆいレール。空港〜首里駅間は27分(330円)。フリー乗車券(1日券800円、2日券1400円)もあり、提示すれば、首里城などさまざまな施設や店舗で割引などの特典を受けられる。

ゴールデンドライブルート
那覇から北谷、恩納、名護へと続く国道58号線は、本島の大動脈。道路が整備されて快適なドライブが楽しめる。

爽快なシーサイドドライブ
全長4.7kmの海中道路を渡って、浜比嘉島や宮城島、伊計島などを回る。素朴な浜比嘉島と、ビーチが美しい伊計島の両方を楽しめる。

まわる順のヒント

●レンタカー
国道58号線をはじめ、本島の道路は整備されていて走りやすい。ドライブをしていて気持ちがいいのは、やはり海を視界に入れながら走るシーサイドライン。海中道路のある東海岸や知念半島などは特におすすめ。1日ドライブなら、南部一周や本部半島一周などもいい。

●バス
空港とリゾートホテル間を結ぶリムジンバスや、首里や那覇市内の路線バスを利用するのはいいが、本島内を広域にわたって観光する場合の交通手段としてはあまりおすすめできない。南部などの観光スポットを回る場合は、定期観光バスをうまく使うのもひとつの方法だ。

●タクシー
3〜4人のグループ旅行であるなら、時間制料金の観光タクシーをうまく利用するといい。1人で2〜3万円は高いが、グループで頭割りすれば比較的安く、効率よく回れ、コースも相談にのってもらえる。宿泊ホテルと契約しているタクシー会社があればそこを利用しよう。

日帰りできる久高島
知念半島から約5km。琉球の国作りにちなんだ神話や神の国として知られている。p.23参照。

戦跡エリア
那覇から🚗1時間(平和祈念公園を基準)
戦争の傷跡と平和を語る史跡が点在する。斎場御嶽や琉球発祥にまつわる聖地、さらに伝統工芸を体験できる施設も多い観光エリア。p.114参照。

帰りの一歩

空港のある那覇市周辺は交通規制が多く、渋滞にはまる可能性も高い。レンタカーでもタクシーでも、余裕をもって空港に到着しておこう。空港まで「ゆいレール」を利用するなら渋滞の心配はないが、レンタカーを利用するなら、返却時の給油や手続きの時間も考慮して行動しよう。

沖縄本島を遊びつくそう

13

王道？ 沖縄人（うちなーんちゅ）おすすめ？ 沖縄を楽しむてくてくプラン
沖縄を旅するモデルプラン

　沖縄の観光では外せない那覇、そして沖縄らしい美しい海を眺めながら巡る、本島北部の旅。さあ、沖縄在住のうちなーんちゅも注目する見どころも回る、1dayトリップに出かけよう！

沖縄の定番コースを巡る
那覇・首里エリア

1day トリップ

　首里城をはじめ、玉陵、首里金城町の石畳道と、古都の世界遺産や歴史的スポットを見学した後は那覇中心部へ移動。国際通りや那覇市第一牧志公設市場、壺屋やちむん通りなどの見どころを巡りながら、ショッピングも食事も満喫できる。那覇観光の王道コースは、ゆいレールを利用して、効率よく巡れるプランを設定。沖縄のやわらかな空気を感じながら散策を楽しもう。

首里金城町の石畳道　11:40am

首里金城町の石畳道へ
　首里から南部への主要道路だった、風情ある古道。現在は沖縄戦火を逃れた約300mの琉球石灰岩の坂道が残る。滑りやすいので歩きやすい靴で訪れよう。

記念撮影は守礼門で

首里城公園　9:00am

START

ゆいレール首里駅
　ゆいレール那覇空港駅から首里駅までは27分。県庁前駅からだと約15分ほど。

ゆいレール首里駅から首里城公園の守礼門までは徒歩で約20分ほど。

首里城へ
　世界遺産にも登録された沖縄のシンボル的存在、首里城（p.63）。首里城公園内には正殿などを含む有料区域と無料区域があり、歴史的なスポットも点在。ゆっくりと巡ってみたい。

玉陵（たまうどぅん）へ
　世界遺産にも登録されている国宝の玉陵（p.63）は、第二尚氏王統の墓。太平洋戦争時に大部分が焼失したが、一部当時のままの姿が残っている。首里城の守礼門からは徒歩約5分。

玉陵　11:00am

14

那覇市第一牧志公設市場　14:30pm

浮島通り
＆パラダイス通り　16:30pm

那覇市第一牧志公設市場へ

　那覇の台所、那覇市第一牧志公設市場（p.36）。市場内は肉・魚・乾物のエリアに分かれている。2階には食堂があり、1階で購入した魚を料理してくれるサービス（有料）もあるので、ランチに利用するのもいい。

　国際通りと浮島通り・パラダイス通りは交差していて、ゆいレール県庁前駅から徒歩約7分。壺屋やちむん通りへは、てんぷす那覇横の大通りを利用すれば国際通りから徒歩約5分。那覇市第一牧志公設市場へも市場本通り経由で国際通りから約3分。各スポットはすべて徒歩移動が可能だ。

GOAL

　首里エリアから国際通り周辺までの移動は、ゆいレールを利用するのが効率的。最寄駅は、県庁前駅、美栄橋駅、牧志駅の3カ所。国際通りには駐車場を完備しない店も多く、時間帯によってはバスレーンが適用されるので、レンタカー利用時は注意を。

浮島通り・パラダイス通りへ

　浮島通りとパラダイス通りは、MIMURI（℡050-1122-4516／松尾2-7-8／⏰11:00～19:00／休木曜不定休／地図p.34-E）をはじめ若手作家によるかわいい沖縄工芸品雑貨を販売するセレクトショップが多く、若い女性に人気のエリア。自分だけの逸品を探しながら散策したい。地元で人気のカフェやレストラン、公園などもあるので休憩にも利用できる。

壺屋やちむん通り　15:30pm

壺屋やちむん通りへ

　琉球王朝の頃から続く、沖縄やちむん（焼物）の窯元が集うエリア。

国際通りでランチ＆ショッピング

　ステーキハウスに沖縄そば店、地元食堂など、国際通りに軒を連ねる店で、気分に合わせてランチを選ぼう。また、お気に入りの店を探しながらショッピングも楽しみたい。日曜日の12:00～18:00は歩行者天国となり、エイサーなどの路上ライブを見学できることも。

壺屋らしい魚紋のやちむん

首里城をもっと楽しむなら

　毎朝開門時に行なわれる、ウケージョと呼ばれる開門の儀式や、琉舞、日が暮れると城郭のライトアップなど、首里城では無料で楽しめるイベントもあるので、時間を合わせて楽しみたい。

国際通り　13:00pm

ステーキハウス88（p.49）などでステーキを味わう

TEKU TEKU COLUMN

1日乗車券を使って効率よく巡ろう

　首里・那覇を巡るには、ゆいレールを利用するのが便利。各駅ではお得なフリー乗車券（1日800円、2日1400円）も販売されている。また、美栄橋駅と首里駅前にはそれぞれレンタサイクル店があるので、こちらの利用も検討したい。

沖縄を旅するモデルプラン

沖縄を旅するモデルプラン

うちなーんちゅオススメの沖縄へ
本部半島・古宇利島
1dayトリップ

　沖縄美ら海水族館を有する本部半島は、本島北部きっての人気の観光エリア。美しいビーチや島の素朴な自然風景、琉球の史跡を巡り海の上を走る古宇利大橋を渡って小さな離島を巡るプランは、地元でも人気のドライブコース。ランチに海の見えるカフェを組み合わせれば、沖縄の魅力を満喫する1日が過ごせる。

備瀬のフクギ並木　12:00pm

沖縄美ら海水族館　9:00am

沖縄美ら海水族館へ
　沖縄美ら海水族館(p.18)は年間約300万人以上の人が訪れる、沖縄本島を代表する観光スポット。開館直後または16:00以降は比較的スムーズに見学ができる。

！HINT
備瀬地区内は基本的に徒歩移動だが、水牛車やレンタル自転車(有料)などもある。

備瀬のフクギ並木へ
　エメラルドビーチからも徒歩5分ほどにある備瀬地区。台風から島を守るフクギ並木が約3kmも現存するのは本島でも珍しい。木漏れ日の中を少し散策してみよう。

エメラルドビーチへ
　沖縄美ら海水族館のある海洋博公園内にあるエメラルドビーチへは、水族館から徒歩移動。日本の快水浴場百選にも選ばれた、本島屈指の海水の透明度が自慢。☎0980-48-2741／遊泳期間4～10月／🕗8:30～19:00(10月は17:30まで)／地図p.100-A

START

許田IC　8:00am
　許田ICまでは、那覇中心部からは那覇ICか西原ICを利用して約1時間ほど。

　許田ICからは国道58号を北上。名護市役所を越えた辺りからそのまま県道449号線に入り、海岸線沿いを走るコースがオススメ。すいていれば40～50分ほどで到着できる。

エメラルドビーチ　10:30am

今帰仁城跡　14:30pm

TEKU TEKU COLUMN

今帰仁城跡へ
世界遺産に登録されている今帰仁城跡（p.101)。琉球の歴史を今に伝える貴重な場所で、周辺にも歴史的な見どころが点在。晴れた日には与論島まで見渡せる、大パノラマの海の絶景も堪能できる。

今帰仁城跡から古宇利大橋までは県道505号を利用。ワルミ大橋を渡って屋我地島から古宇利島へ入ると、所要時間が短縮できる。

橋で渡れる離島を満喫！
本部半島北部には、屋我地島・古宇利島といった橋で結ばれた島がある。今も離島ならではの素朴な風景が残り、心を癒やしてくれる。ヴィラやカフェが増えつつある古宇利島が人気だが、見渡す限りのサトウキビ畑と海沿いの静かな集落からなる屋我地島を散策するのもいい。

済井出公民館の側にあるアコウの大木

許田IC　19:00pm
古宇利大橋から許田ICまで、屋我地島を経由して国道58号を通り約30分。
許田ICから那覇中心部へは、那覇ICか西原ICを利用して約40分。

GOAL

古宇利大橋　16:00pm

海の見えるカフェでランチ
本部半島は海の見えるカフェが多いことで知られ、うちなーんちゅからの人気も高い。眺めはもちろん、島野菜ランチがおいしいカフェこくう（☎0980-56-1321／⏰11:30〜18:00頃／休 日・月曜／地図p.100-A）のような新店や、リピーターが多い花人逢(p.104)のような常連店まで、店のバラエティも豊富。

カフェこくうからの眺め　13:00pm

古宇利島へ
沖縄版アダムとイブの神話でも知られる恋の島、古宇利島(p.106)。古宇利大橋開通後はうちなーんちゅにも人気のドライブスポット。のどかな風景を紺碧の海が彩る美しい島は車で一周約15分。

HINT

古宇利島のビーチでは、古宇利大橋のそばにある古宇利ビーチが有名。また、ハート形の岩があるティーヌ浜に恋愛成就に来る女性も多い。

HINT

伊豆味そば街道で沖縄そばを
本部港のある渡久地地区から名護へ向かう県道84号には、木灰沖縄そばきしもと食堂八重岳店(☎0980-47-6608／⏰11:00〜19:00※売り切れ次第終了／休 無休／地図p.100-A）のような沖縄そばの名店が点在しており、地元では「伊豆味そば街道」とも呼ばれている。時間があれば足を延ばしてみよう。

きしもと食堂八重岳店のきしもとそば(小) 550円

ハート形の岩があるティーヌ浜のほかにトケイ浜なども人気。波が高いので泳ぐときは注意。地図p.100-B

沖縄を旅するモデルプラン

17

世界最大級の水槽で沖縄の海に出合う

国営沖縄記念公園(海洋博公園):
沖縄美ら海水族館
こくえいおきなわきねんこうえん　かいようはくこうえん
おきなわちゅらうみすいぞくかん

1975(昭和50)年に開催された沖縄国際海洋博覧会の跡地に造られた国営公園。およそ71万㎡の広大な敷地には、沖縄美ら海水族館をはじめ、イルカショーが楽しめるオキちゃん劇場や、イルカを間近で観察できるイルカラグーン、ウミガメ館、マナティー館など、海の生き物たちを見ることのできる施設が点在。このほか海洋文化館、植物園などもあり、1日かけて楽しめる。

地図 p.100- A
那覇空港からやんばる急行バス、沖縄エアポートシャトル、117番高速バス利用で約2時間15〜30分、♀記念公園前下車

ジンベエザメやマンタに感動

沖縄の美しい海の魅力を満喫できる世界最大級の水族館。約70種のサンゴにカラフルな熱帯魚が泳ぐ「サンゴの海」水槽や「熱帯魚の海」水槽には屋根が無く、太陽光が直接入る仕組みで、時間帯によって変化する水槽を楽しめる。そして2階〜1階に抜けるフロアには深さ10m・幅35m・奥行き27mの巨大な水槽「黒潮の海」があり、2匹

巨大水槽「黒潮の海」を下から眺められるアクアルーム

のジンベエザメや複数のマンタ、キハダマグロ、カツオなどが泳ぐ、ダイナミックな海の世界を眺めることができる。午後3時と5時の給餌タイムにはジンベエザメの迫力

垂直遊泳で大きく口を開けてオキアミを飲み込む、迫力満点のジンベエザメの給餌シーン

ある食事風景も眺められるので、時間を合わせて訪れたい。

　1階では未知と神秘に満ちた沖縄の深海が再現されているなど、浅瀬のサンゴ礁から深さ数10mの沖合い、さらに深海へと、地上階にあたる4階部分から下へ降りるに従い館内の展示内容も深度を増し、海中遊泳気分で沖縄の海を旅することができる。

浅い海にすむ生き物に触れることができるタッチプール

熱帯魚をはじめ、海の生き物が数多く眺められる

お茶を飲みながら大水槽を眺める

巨大水槽「黒潮の海」の横には、ジンベエザメやマンタなどがゆったりと泳ぐ様子を眺めながらくつろげるカフェ「オーシャンブルー」もある。とくに、大水槽脇に設けられた席はカップルやファミリーに大人気。

● **沖縄美ら海水族館**
- 0980-48-3748
- 本部町字石川424（海洋博公園内）
- 8:30〜18:30（3月〜9月は〜20:00）、最終入館は閉館の1時間前
- 12月第1水曜と翌日
- 約1900台（海洋博公園の駐車場）
- おとな1850円、高校生1230円、小・中学生610円
- https://oki-park.jp

海洋博公園・沖縄美ら海水族館

19

琉球パワーに浸る旅／聖地巡礼の道
東御廻りを訪ねて
あがりうまーい

首里からみて太陽が昇る東方（あがりかた）が本島南部。
そして、南部には琉球王国にゆかりのスピリチュアルスポット「東御廻り」がある。
古き琉球からの自然のパワーをもらう巡礼・巡拝の道を辿ってみよう。

国家的な祭祀ルート

　東御廻りとは、琉球民族の祖霊神といわれるアマミキヨが、理想郷であるニライカナイから渡来して住みついたと伝わる霊地を巡拝する王府の行事。沖縄では、太陽の昇る東方を「あがり」と呼び、ニライカナイがある聖なる方角であると考えられていた。このため首里城を中心として、太陽が昇る東方にあたる玉城、知念、佐敷、大里など、現在の南城市に点在する、御嶽をはじめとする聖地への巡礼を行ない、琉球王国の繁栄と五穀豊穣の祈願が行なわれていた。
　「琉球国由来記」によると、国王と最高位の神女である聞得大君の東御廻りは、麦の穂が出る旧暦2月には久高島へ、稲の穂が出る旧暦4月には知念と玉城の御嶽を巡ったとされている。国王自らの聖地巡礼は200年余りで廃止されたようだが、聞得大君による東御廻りは、その後も長く続けられたともいわれている。

■東御廻りに関する問い合わせ先
南城市観光商工課 ☎098-917-5387
南城市観光協会　 ☎098-948-4611
南城市地域物産館
　　　　　　　　 ☎098-949-1663

御嶽を巡ってパワーをもらう

　国家的な祭祀巡礼の東御廻りは、その後時代を経るにつれて士族、民間へと広まったという。現在では、士族の流れをくむ男系血族

❶園比屋武御嶽（そのひゃんうたき）
首里城公園の守礼門の後方左手にあり、東御廻りや聞得大君の御新下りの際に、往路の安全を祈念する第1番目の拝所

❷御殿山（うどぅんやま）
与那原にある拝所。天女が降りたという伝説と国王や聞得大君の久高島参詣の発着地として仮御殿が建てられていた

❸親川（うええがー）
御殿山に舞い降りた天女の子どもの産井（うぶがー）と伝えられている。東御廻りの際に、国王がこの親川で手足を清めた「お水撫で」の儀式が行なわれた

20

東御廻りMAP ※周辺広域地図はp.116-117

⑦斎場御嶽(せーふぁうたき)
東御廻り最高の霊地といわれ、琉球の精神文化の象徴と伝えられている。写真は三庫理(さんぐーい)で、地震の断層のズレからできたという

を中心に行なわれているほか、古き琉球からの自然の力をもらい、心身を癒すパワースポットルートとしても注目を集めている。

このほか、琉球王国王統発祥の地である伊是名島や伊平屋島を擁する旧北山国領（本島北部）と、その首府があった今帰仁の聖地を巡礼する今帰仁上りもある。

沖縄各地に点在する御嶽と呼ばれる聖域は、沖縄独特の自然信仰から神殿などがなく大樹や巨石などが神として祀られ、山全体が御嶽の場所もあったりする。今なお大事な祈りの場所であることを念頭に訪れよう。

東御廻りのルートと時間 (車で移動)

① 園比屋武御嶽	▶首里城公園駐車場(有料)
↓6.3km約15分	
② 御殿山	▶コミュニティセンター横。御殿山は裏の広場横
↓700m約3分	
③ 親川	▶敷地内にあるがスペースが狭いので、御殿山から歩いたほうがいい。徒歩2分
↓5km約10分	
④ 場天御嶽	▶なし。道路が狭いので駐車に注意を
↓2.5km約5分	
⑤ 佐敷上グスク	▶敷地内
↓5.6km約11分	
⑥ テダ御川	▶国道331号から海側に入ったところ。Ｐから徒歩3分
↓3.5km約6分	
⑦ 斎場御嶽	▶国道沿いの南城市地域物産館のＰ利用。Ｐから徒歩15分(p.22へ続く)
↓2.8km約6分	

東御廻りを訪ねて

④場天御嶽(ばてんうたき)
琉球三山を統一した尚巴志(しょうはし)の祖父佐銘川大主を祀る御嶽。この地を拝するのは、先祖が使った御水に感謝するためともいわれている

⑤佐敷上(さしきうい)**グスク**
尚思紹(しょうししょう)と尚巴志父子の居城跡。グスク跡には一族がたつきしろの宮がある。聖地は鳥居を山手に入った眺めのいい場所にある

⑥テダ御川(うっかー)
テダとは太陽を意味し、太陽神がこの地に降臨したと伝えられている霊泉。ほぼ真東の方向に久高島が拝める。
※了解をとって撮影

❽ 知念(ちねん)グスク
自然石を積んだ古城(くーぐすく)とアーチ門を備えた切石積みの新城(みーぐすく)のふたつの郭で構成。拝所は城内の友利御嶽(とむいぬたき)

❾ 知念大川 (ちねんうっかー)
知念グスクの西側入口にある井泉(かー)。アマミキヨが天から稲を持ち帰りこの地に植えた、稲作発祥の地と伝えられる

❿ 受水・走水(うきんじゅ・はいんじゅ)
百名地区の海岸近くにある2つの泉と神田泉。西側の受水(写真左)の下には御穂田(みーふだ)と呼ばれる田があり、東側の走水の下には親田(うぇーだ)と呼ばれる田がある。こちらも稲作発祥伝説の中心になっていて、今も神事が行なわれている

---

❼
↓2.8km約6分　(p.21より続く)
❽ 知念グスク　🅿徒歩1分の場所。知念大川へは約5分
↓1km約3分　で徒歩移動可能。ただし、坂道で悪路
❾ 知念大川　🅿なし。道路横
↓4.9km約8分
❿ 受水・走水　🅿徒歩30秒の場所。夏は有料駐車場
↓400m約1分　になる
⓫ ヤハラヅカサ　🅿なし。道路横から徒歩30秒
↓徒歩すぐ
⓬ 浜川御嶽　🅿なし。道路横からすぐ
↓2.4km約6分
⓭ ミントングスク　※個人の所有地なので、許可無く
↓1.8km約3分　入ることはできません
⓮ 玉城グスク　🅿敷地内。頂上へは階段を上って約7分
(時間は車で移動した場合)

聖地を巡るときの注意点
●礼をして、挨拶をし、敬う心で臨む
聖地は祈りの場所だということを頭に入れておこう。まず名前を名乗り「見学に来ました」などと唱えて挨拶をする
●聖地内にあるものを持ち出さない
聖地内にあるものは、石から動植物にいたるまで持ち帰るのは禁物
●祈りをさえぎる行為はしない
今でも生活の場所なので、拝みをしている人に出会うケースもある。その場合はむやみに声をかけて拝みの邪魔をしない、撮影も極力やめよう
●ガイドがいる場所では従おう
琉球独自の価値観や文化を知るためにもガイドさんの解説はぜひ聞いておこう
●香炉は踏まない
香炉は神聖なもの。間違って足で踏んだりしないように
●事前に概要をチェック
観光地巡りとはいささか意味合いが異なる。事前に予備知識を頭に入れておこう
●聖地を汚さない
聖地を常に美しく保てるように注意を

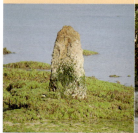

⓫ ヤハラヅカサ
百名の浜川原海岸にある拝所。アマミキヨが久高島に降り立ち、次に本島に降り立った最初の地といわれている

⓬ 浜川御嶽(はまがーうたき)
ヤハラヅカサに上陸したアマミキヨが仮住まいをした地。ここで旅の疲れを癒しミントングスクに移動したという

⓮ 玉城(たまぐすく)グスク
久高島や本島中南部を見渡せる高台にある、別名「アマツヅグスク」ともいわれる琉球開びゃく七御嶽のひとつ

琉球パワーに浸る旅／神様が宿る聖なる島　　　　　地図p.146-J

久高島で祈りをこめて
（くだかじま）

琉球の創世神アマミキヨが天からハビャーン（カベール岬）に降り立った神の島で、昔ながらの静かな雰囲気を残した集落を歩く。

■問い合わせ先
南城市観光商工課 ☎098-917-5387
久高島振興会 www.kudakajima.jp
●フェリー／久高海運安座真事業所 ☎098-948-7785
　久高事業所 ☎098-948-2873
●レンタサイクル／宿泊交流館 ☎098-835-8919
　久高船待合所 ☎098-948-2842

神や自然への感謝を忘れない島

今なお神聖な時が流れ、神の島とも呼ばれる久高島。ここには、琉球開闢の祖アマミキヨが降臨、あるいは上陸した聖地とされるハビャーンや、五穀発祥の地といわれているイシキ浜、琉球七御嶽のひとつフボー御嶽（クボー御嶽とも）など、数多くの聖地が点在する。土地は総有のもので、神様からお借りしているものと考えられ、今もなお琉球開闢や旧正月、五穀発祥にまつわる祭祀など数多くの年中行事が行なわれ、神や自然に感謝する祈りが日常のなかでも行なわれている。島内にはレンタカーがなく、レンタサイクルがおすすめ。

御殿庭（うどぅんみゃー）
12年に一度の午年に行なわれる「イザイホー」の主祭場。島に住む30〜41歳までの女性がナンチュという地位になるための儀礼として行なわれるもの

大里家（うぷらとぅ）
島の始祖家のひとつである大里家。五穀の神様が祀られている御願所

ヤグル井泉（やぐるがー）
「がー」というのは井戸のことで、神女が禊に使ったといわれている神聖な井戸のこと

フボー御嶽（うぶうがみ）
琉球の七御嶽のひとつで、アマミキヨが作ったとされている。現在は立ち入り禁止になっている

徳仁港

外間殿（ふかまどぅん）
旧正月の大祭祀が行なわれる。太陽、月などの神様が祀られている御願所。中には入れない

イシキ浜
この浜に五穀の種が入った壺が流れ着いたと伝えられており、穀物栽培の発祥の地として神聖な浜で、ここでの遊泳は禁止

ハビャーン（カベール岬）
島の北端にあり、琉球の創世神であるアマミキヨが降り立った場所といわれている

※神行事の日はカミンチャ（神人）以外、集落より北側へは行けない。また、島から石や草木を持ち出さないこと、禁止行為は守ること。

世界遺産を訪れる

琉球国王の居城であった首里城や識名園、今帰仁城、座喜味城など9つが、「琉球王国のグスク及び関連遺跡群」としてユネスコの世界遺産に登録。琉球独自の歴史が育んできたすばらしい文化遺産を訪ねてみたい。

今帰仁城跡
今帰仁村(p.101参照)
大小8つの城郭から構成されており、14世紀初めの三山時代に北山を統治していた王の居城跡。東シナ海を一望できる。

園比屋武御嶽石門
そのひゃんうたきいしもん
那覇市首里城公園(p.63参照)
石門の後ろに御嶽(聖地)があり、王府の行事や祭祀を行なった。

座喜味城跡
ざきみじょうあと
読谷村(p.88参照)
沖縄最古のアーチ型石造門と城壁の一部がかつてのまま残っている。

首里城跡
しゅりじょうあと
那覇市(p.63参照)
創建年代不明。国王の居城として政務や儀式が執行された。

勝連城跡
かつれんじょうあと
うるま市勝連(p.85参照)
11〜12世紀に築城されたもので、自然の断崖を利用した連郭式の城壁が復元されている。

玉陵
たまうどぅん
那覇市(p.63参照)
第二尚氏王統歴代の陵墓。家の形をした墓が3つ連なっている。

斎場御嶽
せーふぁうたき
南城市知念(p.115参照)
国始めの7御嶽のひとつで、沖縄随一の聖地。かつては男子禁制の場所。

中城城跡
なかぐすくじょうあと
北中城村(p.85参照)
15世紀の初頭に築城された城で、美しい弧を描く連郭式の城壁が残されている。

識名園
しきなえん
那覇市(p.57参照)
琉球王家最大の別邸。王家の保養と中国皇帝の使者をもてなす場。

那覇

首里

!HINT

那覇・首里 まわる順のヒント

沖縄の玄関口、那覇。琉球王朝の昔から港町として栄え、常に色々なものを吸収してきたチャンプルーシティだ。空港と首里を市中心部を経て結ぶモノレール「ゆいレール」も走っていて、国際通り周辺へのアクセスも便利。

はじめの一歩

　主な観光ポイントは国際通り周辺にあり、徒歩で十分回れる。市内には有料の駐車場がそこここにあるし、たいがいのホテルは駐車場スペースを持っている。首里へは、クルマで。バスも便がいいし、ゆいレールでもいい。

松山・前島周辺
国際通りの北側は地元の人が仕事帰りに寄る沖縄家庭料理や居酒屋、ジャズや島唄が聴けるライブハウスなどがある。

那覇市観光案内所で情報収集
場所は国際通り沿いにあるてんぶす那覇1階にある。観光施設のパンフレットを入手したり、常駐している職員に観光に関する情報を教えてもらえるので便利。☎098-868-4887、9:00～20:00、無休。地図p.34-F

波の上ビーチ
那覇市内唯一のビーチ。波が静かで、シャワーやトイレ、駐車場（有料）の施設も完備。p.57参照。

浮島通り
アンティークショップやブティックなど、流行をいち早く取り入れた沖縄のインディーズショップが点在する。

ゆいレール＆路線バスでスムーズに移動
　那覇空港駅～首里駅間を走る「ゆいレール」は、国際通りや首里へのアクセスが便利だ。料金は230円～330円程度。問い合わせ／沖縄都市モノレール

☎098-859-2630　https://www.yui-rail.co.jp/
那覇市内を走る「市内線」をはじめ、沖縄県内のすべての路線バス情報を提供する無料サイト「バスナビ沖縄」も便利。https://www.busnavi-okinawa.com/

Ⓐ 国際通り

那覇のメインストリート。みやげ物店やレストランが並び、深夜まで人通りが絶えない。みやげ物店は夜22時頃まで、飲食店は23～24時頃まで営業。バーなどは朝まで営業の店も。p.46参照。

Ⓑ 公設市場

正式には那覇市第一牧志公設市場。1階は魚、肉、漬物などの売り場がひしめき合う、庶民パワーの源。2階の食堂は、11時～20時まで。市場本通り、中央通りにも多数の店がある。p.36参照。

Ⓒ 壺屋

壺屋焼をはじめ、焼物を扱う店が立ち並ぶ、やちむん（焼物）の町。路地裏には昔ながらの家並みが続き、趣深い。牧志の公設市場からも徒歩圏内なので、併せて散策するのもいい。p.55参照。

Ⓓ おもろまち

ゆいレールのおもろまち駅に直結しているTギャラリア沖縄 by DFSは、ブランド品や沖縄みやげ探しに最適。また、魅力的な展示物が多い沖縄県立博物館・美術館もほど近い。p.58-59参照。

首里城公園
沖縄を代表する史跡で、見学には1～2時間は必要。周囲には玉陵や金城町石畳道など、琉球王国の面影を残す見どころも。p.63参照。

識名園
琉球王家最大の別邸。美しい庭園を散策しながらのんびりとできる。世界遺産のひとつ。p.57参照。

那覇・首里まわる順のヒント

HINT 夜もめいっぱい遊ぼう！
沖縄は音楽芸能が盛んな土地だけあり、民謡酒場やライブハウスが多数ある。せっかく那覇にいるのだから、地元の人に混じって夜もめいっぱい遊ぼう。

帰りの一歩

平日の朝や夕方には那覇市内と周辺にバスレーンなどの道路規制（詳細は左のコラムを参照）が設けられている。レンタカーやバスなどで移動する場合は、渋滞を見越したゆとりあるスケジュールで動くようにしたい。

HINT 国際通りの通行は時間帯に注意！バスレーンに気を付けろ！罰金6000円!!

国際通りは朝は西行き車線が、夕は東行き車線が、バス、タクシー、二輪以外の一般車両は進入禁止となる。地元のクルマは要領を得ているが、規制について知らないレンタカーが取り締まられることが多々ある。その場合は罰金7000円と、減点2が課せられるので注意。
市内に設けられたバスレーン規制の内容は、場所によって多少違う。国道329号線のような片側2車線道路は、左端の1車線がバスレーン、また安里←→松川エリアのように中央線区分が変更するところなどもある。うっかりバスレーンを走って取り締まられると、通行帯違反として6000円の罰金と減点1が課せられる。ただし、進入禁止もバスレーン規制も標識が見にくいので、走行中は十分に注意しよう。レンタカー会社からバスレーンの情報が入ったパンフレットをもらえるので事前にチェックするとよい。

27

色鮮やかな食材も並ぶ那覇の台所
牧志公設市場周辺探訪

沖縄の台所として有名なマチグワー(市場)には、色鮮やかな魚や豚肉、野菜など、沖縄料理に欠かせない食材が揃っている。市場周辺にもたくさんのお店があるので、見て歩くだけでも楽しい。

公設市場1階の店

長嶺鮮魚
ながみねせんぎょ

アオブダイやミーバイ、グルクン、シマダコ、シャコガイなど、沖縄近海で獲れた新鮮な魚介が種類豊富に並ぶ。ここで買った魚介は、2階の食堂で調理(1人3品まで500円)してもらって食べることもできる。
☎098-867-2544

玉城鰹節店
たまきかつおぶしてん

カツオブシをはじめ、コンブやアーサーなど沖縄料理に欠かせない食材を扱っている専門店。このほか、沖縄では古くから健康食品として愛用されてきた、イラブー(エラブウミヘビ)の燻製や粉末、エキスなども販売。
☎098-867-6041

上原果物店
うえはらくだものてん

30年以上続く老舗の果物店。島バナナや沖縄タンカン、パイナップル、マンゴー、パパイヤ、ドラゴンフルーツなど、沖縄特産の旬のトロピカルフルーツを数多く扱っている。地方発送も可能なのでおみやげにもおすすめ。
☎098-863-1707

二中前ミート
にちゅうまえみーと

リアルな豚の顔(1枚600円)が目をひく肉専門店。旨みが多いのに、脂質やコレステロールが少ないヘルシーな県産の琉香豚(ハーブ豚)が買える。ソーキや三枚肉(各1kg 2000円〜)などのほか、豚足(1kg850円)も用意。
☎098-869-8060

※公設市場は8時〜21時(店舗によって異なる)で第4日曜(12月を除く)、正月、旧正月、旧盆休

公設市場周辺の店

ジュース
シュガーハウス
地図p.34-E
牧志公設市場から2分

店頭で搾られる生サトウキビのジュース400円が大人気。このほかゴーヤージュース300円や、夏は生マンゴージュース350円も登場。

- ☎ 098-866-5276
- 📍 牧志3-1-1
- 🕐 12:00〜19:00
- 休 不定

餅
餅の店やまや
もちのみせやまや
地図p.34-F
牧志公設市場から2分

独特の香りの月桃の葉でくるんだムーチー（餅）専門店。壺屋に工場があるので、いつでもでき立てを味わえる。紅芋、キビ、黒糖、白モチの4種類で1枚100円。

- ☎ 098-861-5433
- 📍 牧志3-1-1
- 🕐 9:00〜18:30
- 休 木曜(祝日営業)、正月、旧盆

菓子
松原屋製菓
まつばらやせいか
地図p.34-E
牧志公設市場から1分

沖縄の伝統行事に欠かせないお菓子が揃っている。結納などにも用いられる松風170円やムーチー120円、サーターアンダギー60円などがおみやげにいい。

- ☎ 098-863-2744
- 📍 松尾2-9-9
- 🕐 9:00〜20:00
- 休 無休

てんぷら
呉屋てんぷら屋
ごやてんぷらや
地図p.34-I
牧志公設市場から2分

天ぷらは、沖縄の人たちの定番のおやつ。魚、もずく、イカ、野菜（60円）のほか、天ぷら生地の皮だけのカタハランブー150円（写真）もある。サーターアンダギーは60円〜。

- ☎ 098-868-8782
- 📍 松尾2-11-1
- 🕐 8:30〜18:30頃
- 休 1月1〜3日、旧盆明け2日間

かまぼこ
ジランバ屋
じらんばや
地図p.34-E
牧志公設市場からすぐ

丸天かまぼこ350円（2枚入り）のほか、中にジューシーが入っているばくだんかまぼこ270円（2個入り）もおすすめ。

- ☎ 098-863-3382
- 📍 松尾2-9-17
- 🕐 8:00〜18:00
- 休 日曜

サーターアンダギー
歩
あゆむ
地図p.34-E
牧志公設市場の2階

グルメ絶賛のサーターアンダギー専門店。売り切れ続出なので早めの来店を。5個入り450円、9個入り756円。

- ☎ 098-863-1171
- 📍 第一牧志公設市場2階
- 🕐 10:00〜売り切れ次第閉店
- 休 日曜

牧志公設市場周辺探訪

沖縄料理の名店
ウチナーンチュが通う 沖縄の人

喜作
きさく

泊港周辺

地図p.31-C／ゆいレール美栄橋駅から🚶10分、🚏泊高橋前から🚶3分

政財界のグルメも大絶賛する
本場の漬け寿司と新鮮な海の幸

　南大東島から空輸されるマグロやサワラなどを中心に、沖縄本島近海の海の幸が堪能できる名物割烹。常連が必ず注文するのが、南大東島出身の大将が作る本場の大東島漬け寿司(10個1200円)。秘伝のタレに漬け込んだヅケのしっとりとした味わいは、箸が止まらぬ美味しさ！　このほか、太巻き寿司をさらにしゃりと卵焼きで巻いた、限定20食の大東まつり寿司800円も大人気。ほかの寿司ネタとは別に味付けされたシャリを使うこだわりも。ともに空弁として那覇空港内JAL側とANA側の売店で販売されている。このほか、おまかせコースとして琉球料理のコース3500円もあり、沖縄の味を満喫できる。

📞 098-861-5501
📍 那覇市前島2-18-6
🕐 18:00〜24:00(23:00LO)
休 日曜　P 近くに有料Pあり

空弁でも大人気。大東まつり寿司874円と喜作乃島 大東寿司772円

伊達巻風の大東まつり寿司

マグロとサワラを秘伝のタレに漬けた大東島漬け寿司

味まかせ けん家
あじまかせ けんや

県庁前駅周辺

地図p.33-C／ゆいレール県庁前駅から🚶8分、🚏農林中金前から🚶2分

創意工夫した料理はどれも美味しく味も雰囲気も大満足の人気店

　幻の豚肉として、テレビのグルメ番組などでも絶賛されている黒豚「あぐー」が食べられる。その美味しさを存分に味わうなら、あぐーの串焼き（2本540円）がおすすめ。噛みしめると、身も脂も自然な甘さがあり、普通の豚肉よりも数倍深い旨みが堪能できる。常連は必ず注文する一品だ。ほかにも、厳選した島の素材を使った沖縄料理が豊富に揃い、一度食べたら忘れられない味。大将の気さくな人柄に惚れ込み、県外からのリピーターも多い。

左：幻の黒豚あぐーの串焼き、右：スペアリブの網焼き1080円〜

やんばる牛のスジ肉を使った裏メニュー。田芋と牛すじの甘辛煮864円〜

ナーベーラー（ヘチマ）の味噌煮594円

📞 098-862-2805
📍 那覇市久茂地2-6-12
🕐 17:00〜翌1:00(24:00LO)
休 日曜　Ｐなし

ゆうなんぎい

県庁周辺

地図p.33-G
ゆいレール県庁前駅から🚶10分、🚏松尾から🚶3分

お母さんたちが作る沖縄の家庭料理

　米軍統治下から続く、沖縄家庭料理の老舗。沖縄のアンマー（お母さん）たちが作る素朴な味と家庭的なもてなしに、地元ファンはもちろん観光客のリピーターも多い。注文するとほとんどの料理が3分以内に出てくる、その手早さには驚くばかり。開店以来の人気を誇る定番は、自家製味噌でじっくりと煮込んだラフテー750円。炒めてもゴーヤー（苦瓜）の色が鮮やかなゴーヤーチャンプルー650円をはじめ約50種類の一品料理が揃う。

開店以来の人気メニュー「ラフテー」

ゴーヤーのシャキシャキとした食感も楽しめる、ゴーヤーチャンプルー

📞 098-867-3765
📍 那覇市久茂地3-3-3
🕐 12:00〜15:00、17:30〜22:30
休 日曜・祝日　Ｐなし

沖縄料理の名店

うりずん　　栄町市場周辺

地図p.35-H
ゆいレール安里駅から🚶5分、🚏メディカルプラザ大道中央から🚶6分

連日大賑わいの老舗店で
泡盛と琉球料理を食す

　沖縄が本土復帰した年から営業している有名店で、地元客、観光客問わず連日超満員。自慢のドゥル天648円は、田芋（サトイモに似た沖縄独特のイモ）に、豚肉、かまぼこ、シイタケを混ぜて練り合わせて揚げた田芋のコロッケ。ほかにも泡盛に合う沖縄料理を50種類以上も揃えている。泡盛は県内すべての酒造メーカーの古酒や、首里の蔵の窯で8年寝かせたオリジナル8年古酒（1合1296円）をはじめ、12年古酒、20年超古酒まで用意。

人気ナンバーワンのドゥル天（上）と麩チャンプルー（540円）

ピーナツから作るジーマーミ豆腐540円

📞 098-885-2178
📍 那覇市安里388-5
🕐 17:30～24:00
休 無休　P なし

居酒屋 くめや　　旭橋駅周辺
　いざかやくめや

地図p.32-B
ゆいレール旭橋駅から🚶7分、🚏久茂地から🚶1分

個室もあるお洒落な居酒屋は
沖縄ならではの創作料理が評判

　島ラッキョウやゴーヤーなど、沖縄の食材をふんだんに使った創作料理が評判の居酒屋。とくに島どうふを使ったオリジナル料理はバラエティーに富んでいて、なかでもイチオシは、くず粉の代わりにタピオカ粉を用いたモッチモチの食感のじーまーみ豆腐420円。このほか、外はカリカリ、中はトロトロのてびちの塩焼きも、一度食べたら病みつきに！　いか墨ソーメンチャンプルー780円をはじめ、チャンプルーメニューも豊富。

てびちの塩焼き680円

いか墨ソーメンチャンプルー

豆腐コロッケは1個230円

📞 098-866-9433
📍 那覇市久米2-11-26
🕐 15:00～24:00（フード23:00LO）
休 不定　P なし

沖縄そば

そばじょうぐぅ大好き絶賛の

てん to てん
てんとてん

識名

地図p.29-H
識名から1分

カツオの香りに包まれる上品な味わいの木灰手打ちそば

沖縄そばの麺は、大量にゆでて保存のために油をまぶして作り置きしておくのが普通だが、この店では注文を受けてから生麺を茹でるため、油を使わないのが特徴。それゆえ出来上がりまで多少の時間はかかるが、ひと口スープを飲めば上品なカツオの香りとコクに包まれ、木灰を使った手打ちの麺を食べれば、モチモチとしているのに、サクっと噛み切れる食感に驚かされる。継ぎ足して使っているタレで甘辛く煮込んだ豚肉の具もまた絶品。量も適度で女性にはちょうどいいくらい。場所は識名園に程近い住宅街の中にあり、ちょっとわかりづらいが、探してでも行く価値がある。

写真上から、完成まで3日かけて熟成させるそば。豚骨と鶏骨を使ったスープ。具の肉は豚ロース

📞 098-853-1060
📍 那覇市識名4-5-2
🕐 11:30〜15:00LO
休 月曜 P 8台

上品な美味しさの木灰すば650円。ほかにぶくぶく茶540円、古代米のおにぎり160円なども

41

てぃあんだー　おもろまち周辺

地図p.29-C／ゆいレールおもろまち駅から🚶15分、
🚏おもろまち三丁目から🚶2分

美味しさを追求した
こだわりの自家製手打ち生麺

　麺もスープも具も、そして器にもこだわった沖縄そば650円〜が食べられる。こだわりの自家製手打ち麺は太麺と細麺を選ぶことができ、注文を受けてから生麺をゆでるので、多少の待ち時間を要するが、待つだけの価値大。スープはあっさりしたカツオの香りとコクが感じられる深い味わいで、新鮮な小麦粉の香りと歯ごたえのある麺とのバランスも絶妙。県産のヨモギを練

ソーキは別皿で出される太麺のそーきそば780円〜りこんだ冷やしふーちばーそば680円〜もおすすめ。このほか、琉球海老そばや海老つけ麺（ともに880円〜）などの新感覚の琉球ラーメンも登場。

📞 098-861-1152
📍 那覇市天久1-6-10
🕐 11:00〜15:00頃まで(売り切れ次第終了)
🚫 月曜　Ⓟ 近くに有料Ⓟ(20台)あり

元祖大東そば　牧志
がんそだいとうそば

地図p.34-E
ゆいレール美栄橋駅から🚶5分、🚏松尾から🚶3分

大東島の名物そばが
那覇で食べられる

　大東島にある沖縄そばの名店「大東そば」の那覇店。大東島から空輸されているコシの強い手打ちの太麺は、4000m級の海から汲み上げた大東島の海洋深層水とガジュマルの灰を使った木灰そば。カツオの香り高いあっさりとしたスープにとてもよく合う。大東そば500円〜やソーキそば、肉そば(各700円)などのほか、ゴーヤー、フー（麩）、豆腐の各ちゃんぷるー定食(各600円)なども用意。大東島寿司(5カン550円)が登場することも。

大東そば。写真は大600円

お得な定食とのセット1000円

📞 098-867-3889
📍 那覇市牧志1-4-59
🕐 11:00〜17:00(売り切れ次第閉店)
🚫 無休　Ⓟ なし

首里そば
しゅりそば　　　　　　　　　　　　首里

地図p.67-H／ゆいレール首里駅から🚶5分、🚌鳥堀一丁目から🚶3分

伝説の名店の味を伝える
行列覚悟の人気店

　伝説の名店「さくら屋」の味を伝承する手打ち沖縄そばの店。おばぁ直伝の製麺法に、独自の工夫を凝らした、コシの強い麺が特徴の沖縄そば。鰹風味の効いた上品な味わいのスープに、泡盛で4時間煮込んだ三枚肉が乗る首里そばは、大600円、中500円、小400円。麺とスープの風味が変わらないようにと、紅しょうがではなく、注文を受けてから刻む針ショウガを添えている。麺もスープも手間も時間も惜しまず作るので、1日およそ60食作るのが精一杯。しかも開店前から行列ができるほどの人気店なので、早めに入店しよう。

上品なスープと噛み応えのある麺が特徴

鰹だしがたっぷり染みた、煮付け450円

📞 098-884-0556
📍 那覇市首里赤田町1-7
🕐 11:30〜麺が終わり次第閉店(14:00頃)
休 日曜のほか不定休あり　P 6台

御殿山
うどぅんやま　　　　　　　　　　　首里

地図p.29-D
ゆいレール儀保駅から🚶15分、🚌金井病院前から🚶10分

築百数十年の古民家で食べる
昔ながらの木灰そば

　首里の小高い丘の上に建つ、築百数十年の侍の休憩所を改築した畳敷きの店内は、まるで田舎のおばぁの家に遊びにきた気分。木灰水の上澄みを練りこんだ、昔ながらの木灰そばの麺は、やや細めだがほどよい固さのしっかりとした食感が特徴。豚骨にカツオと昆布でダシをとり、塩と醤油で味を整えたスープも美味。席の予約やそばの取り置きは可能。メニューは沖縄そば中760円、大830円、刻んだ野菜がたっぷり入っているそばのほかにも、沖縄風炊き込みご飯のジューシー260円、煮付け680円、黒糖ぜんざい500円などがある。

甘辛く煮た三枚肉がのっているそばとジューシー

麺作りに欠かせない木灰は手作りしている

📞 098-885-5498
📍 那覇市首里石嶺町1-121-2
🕐 11:30〜16:00頃(15:30LO)
休 月曜(祝日の場合は営業)　P 15台

沖縄そば

個性あふれる オキナワン・カフェ＆スイーツ

琉球珈琲館
りゅうきゅうこーひーかん

牧志

地図p.33-H
ゆいレール県庁前駅から🚶10分、🚏てんぶす前から🚶4分

沖縄スタイルが楽しめる
ひと味違ったコーヒー

　たっぷりの泡と独特の風味が特徴のぶくぶくコーヒー600円は、沖縄の伝統的なお茶である「ぶくぶく茶」のコーヒーバージョン。煎り大豆、煎り米、香草などがブレンドされており、ふんわりとした泡となめらかな味わい、独特の香りを楽しめる。豆と水を一緒に漬け込み、フィルターを使わずに上澄みだけで仕上げたトロコーヒー540円も、この店のオリジナル。黒糖や紅イモを使った甘さ控えめの自家製ケーキ（各430円～）と一緒にいただきたい。

爽やかな香りとコクが楽しめるトロコーヒー

健康によさそうな香りと、なめらかな味わいが特徴のぶくぶくコーヒー

📞 098-869-6996
📍 那覇市牧志1-2-26 2F
🕐 11:00～22:00(21:30LO)
休 不定　P なし

パーラー御菓子御殿国際通り松尾店
ぱーらーおかしごてんこくさいどおりまつおてん

県庁周辺

地図p.33-K
ゆいレール県庁前駅から🚶3分、🚏松尾一丁目からすぐ

ショッピングの合間に
気軽にスイーツタイム

　首里城正殿を思わせる朱色の門構えが目を引く、御菓子御殿国際通り松尾店の1階にあるパーラー。国際通り沿いにあるので気軽に立ち寄れる。1階のパーラーや2階のレストランで、南国風味のアイスクリームや沖縄風ぜんざいなどの、オキナワンスイーツを味わえる。なかでも沖縄県産の紅芋にこだわり、自然本来の味わいを生かした紅いもケーキは、種類も豊富でどれも美味しい。

自家製の豆を使用したオリジナルのぜんざいに、紅いもアイスをのせた、紅いもアイスぜんざい520円

📞 098-862-0334
📍 那覇市松尾1-2-5御菓子御殿国際通り松尾店内
🕐 9:00～21:00　休 無休　P なし

Vita Smoothies
びた すむーじーず

牧志

地図p.34-A
ゆいレール美栄橋駅から🚶2分、🚏てんぶす前から🚶6分

素材も器も沖縄産にこだわる
身体に優しいスムージー

「毎日フルーツを摂って、身体に優しく」をテーマに作られたスムージー645円～が、地元の女の子に大人気。沖縄県産のフルーツを中心に常時15種類以上を用意し、ベースには今帰仁村のおっぱ乳業のヨーグルトを使用。トロピカルフルーツ系、ベリー系、ベジタブル系などのレギュラーメニューのほか、レッドドラゴンスムージー800円や、そのほか、イチゴと県産マンゴーのスムージーなど、季節限定のスムージー645円～も随時登場するので、こちらも楽しみ。ベーグルサンド各種680円～の軽食やケーキ430円などのデザートも用意されている。

お洒落な雰囲気の店内でオキナワンカフェタイムを楽しむ

ミックスベリー（700円）とトロピカルマンゴースムージー（780円）。オリジナルグラスも素敵だ

📞 098-863-3929
📍 那覇市牧志2-17-17 まきしビル1F
🕐 10:30～20:00(19:30LO)
休 火曜　Ｐなし

富士家 泊本店
ふじや とまりほんてん

泊港周辺

地図p.31-C／ゆいレール美栄橋駅から🚶10分、🚏泊高橋から🚶2分

いろいろな種類が揃う
ぜんざいの専門店

　沖縄の「ぜんざい」は温かいものではなく、甘く煮た金時豆に削った氷をかけたもので、沖縄では冬でもぜんざいが人気なのだ。富士家のぜんざいは豆の煮汁を凍らせた氷を使っているので、最後まで同じ味を楽しめるのが特徴。シンプルな富士家ぜんざい370円のほか、黒糖ぜんざい、抹茶ぜんざい（ともに420円）など種類も豊富。沖縄駄菓子の塩せんべいにアイスクリームをはさんだ、塩せんアイス280円もおすすめ。タコス（4個）680円やタコライス680円、ロコモコハンバーグ760円、ステーキ200g1150円～などのフードも充実。

糖分控えめの抹茶ぜんざい

富士家ぜんざい。那覇市内に限りデリバリーも可能

📞 098-869-4657
📍 那覇市泊2-10-9
🕐 11:00～21:00(10～5月～19:00)
休 無休　Ｐ15台

オキナワン・カフェ＆スイーツ

こくさいどおり　　地図　p.30〜31

国際通り

エリアの魅力

観光ポイント
★★

グルメ
★★★★★

ショッピング
★★★★★

ありとあらゆる店が軒を連ねる
沖縄で一番賑やかなメインストリート

　戦後の目ざましい発展から「奇跡の1マイル」と称えられた、約1.6kmに及ぶ那覇のメインストリート。市場のたくましい庶民のパワーと都会的な香りが渾然一体となった、沖縄らしい独特の魅力にあふれている。古い赤瓦屋根の家が残る壺屋やちむん通りは国際通りから歩いて約15分。足を延ばしてみたい。

まわる順のヒント

　国際通り周辺は朝と夕方は通行規制があるので注意しておきたい。詳細はp.27参照。

問い合わせ先

沖縄観光コンベンションビューロー
☎098-859-6123
那覇市観光案内所
☎098-868-4887
観光案内所は国際通りのてんぶす那覇内にある。地図p.34-F
那覇市観光課
☎098-862-3276
沖縄県空港リムジンバス案内センター
☎098-869-3301
沖東交通グループ
☎098-946-5005

国際通りへの行き方

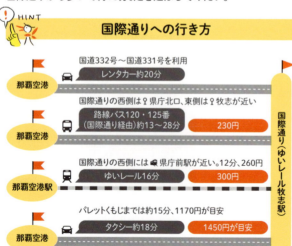

※恩納リゾートエリアへの行き方はp.93参照

食べる

松尾／島唄居酒屋
島唄ライブ 樹里
しまうたらいぶじゅり

地図p.33-H
ゆいレール県庁前駅から🚶10分、
♀松尾から🚶3分

　沖縄に来たら訪れたいのが、民謡や島唄のライブスポット。樹里は食事をしながら、気軽にライブが楽しめる店として人気。普通の座敷スタイルの居酒屋の奥にステージがあり、毎夜、若手を中心に3回のライブがある。週末などは観光客や家族連れで満杯、予約がベターだ。チャージ料込みのコースで飲み放題付き3500円〜。ライブの終わりは見ず知らずの客同士が一緒になってカチャーシー三昧となる楽しいライブだ。

☎098-861-0722
📍那覇市松尾2-2-29
🕐18:00〜24:00
（料理23:00LO、ライブは19:20、20:30、21:45の3ステージ）🈶無休 🅿なし
💴ライブチャージ500円（高校生以下無料）、2.5時間飲み放題＋ライブチャージ付きコース3500円〜

牧志／沖縄料理
食堂花笠2号店
しょくどうはながさ2ごうてん

地図p.34-E
ゆいレール美栄橋駅から🚶5分、
♀松尾から🚶3分

　40年の歴史をもつ食堂花笠1号店から、50m離れた場所にある2号店は、テーブル席のほか小上がりもあるので、グループやファミリーにもおすすめ。沖縄そば650円〜や写真のソーキそば800円などのそばが人気だが、ゴーヤーチャンプルー定食750円や、豆腐チャンプルー定食680円、麩チャンプルー定食700円も美味しい。

☎098-867-3830
📍那覇市牧志1-3-14
🕐10:30〜LO20:00
🈶無休 🅿なし
💴沖縄そば650円〜

安里／沖縄料理
万富
まんぷ

地図p.35-H
ゆいレール安里駅から🚶5分、♀メディカルプラザ大道中央から🚶2分

　栄町市場（p.60参照）にある食堂。今帰仁村と大山の畑で栽培されている、健康な田芋を使った料理は、遠くから通うファンも多いという人気のメニューだ。なかでも田芋の茎を使った、写真のむじ汁定食700円は繊維質たっぷりの健康食として、一番の人気。このほか地元の豚を使ったてびち汁定食900円、豚のレバーを使った肝しんじ汁700円なども味わえる。

☎098-887-4658
📍那覇市安里379
🕐11:00〜18:00頃
（最終入店17:00）
🈶日曜のほか不定休 🅿なし
💴むじ汁定食700円

国際通り

47

久茂地／沖縄料理
古都里
ことり

地図p.33-G
ゆいレール県庁前駅から🚶5分、
🚏松尾一丁目から🚶3分

　沖縄の家庭料理が楽しめる、アットホームな居酒屋。ラフテー600円やお麩のオムレツ500円～など、カウンターいっぱいにずらりと並べられた大皿料理をはじめ、3種類の野菜料理が堪能できる3点セット600円がおすすめ。このほか、その日の食材に合わせて臨機応変に作ってくれるので、食べたいものをリクエストしてみよう。泡盛の古酒1合1000円～や泡盛3合瓶2000円～などを飲みながら、地元の人との会話も楽しみながら盛りあがりたい。

📞 098-861-8787
📍 那覇市久茂地3-13-10
🕐 17:00～21:30　🚫月・火曜の不定休、最終週は連休
🅿なし　💴ラフテー600円～
※予約は3人から。子どもは不可

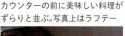

カウンターの前に美味しい料理がずらりと並ぶ。写真上はラフテー

泉崎／甘味処
ペーチン屋
ぺーちんや

地図p.33-K
ゆいレール県庁前駅から🚶10分、
🚏県庁南口から🚶3分

　天妃前まんじゅう(1枚120円、5枚入り550円)は、のーまんじゅう（ぎぼまんじゅう）、山城まんじゅう（ともにp.70参照）に並ぶ、沖縄3大まんじゅうのひとつ。大麦を炒って粉にしたはったい粉のあんを、薄いメリケン粉の皮で包み、月桃の葉の上で蒸しあげた、沖縄ならではの素朴なおやつ。曾祖母の時代から続く変わらぬ味を伝承している。店内で食べられるまんじゅうセットは500円。

📞 098-832-0912
📍 那覇市泉崎2-10-14
🕐 9:00～16:00以降売り切れ次第閉店　🚫木・日曜、祝日
🅿なし　💴天妃前まんじゅう120円

松尾／沖縄料理
次郎坊
じろうぼう

地図p.34-E
ゆいレール牧志駅から🚶8分

　公設市場の2階にある沖縄料理の専門店。ナーベラー（ヘチマ）やソーメン、ゴーヤーなどのチャンプルー定食680円～、沖縄そば450円～、ゆし豆腐680円など、定番の沖縄料理がおよそ60種類揃う。沖縄近海で獲れたグルクンの唐揚げ(時価)や島らっきょうなども人気。

写真上から、島らっきょう400円とゴーヤーチャンプルー680円

📞 098-866-6099
📍 那覇市松尾2-10-1
🕐 11:00～売り切れ次第閉店（16:00頃）　🚫第4日曜、週1不定休　🅿なし　💴ゴーヤーチャンプルー定食680円

牧志／カフェ
インシャラー

地図p.34-E
ゆいレール牧志駅から🚶10分、
松尾から🚶1分

☎ 098-866-6840
📍 那覇市牧志1-3-63
🕐 15:00〜21:00LO
休 火曜　優待あり
¥ トルココーヒー520円

国際通り沿いにある喫茶店だが、地下にあるので国際通りの喧騒とは無縁の世界。コーヒー発祥の地であるアラビアを意識したインテリアを眺めながら、ゆったりとしたソファに座って、のんびりとコーヒーブレイクを楽しめる。おすすめはトルココーヒー520円やカフェアレキサンダー570円などのめずらしいバリエーションコーヒー。自家製のチーズケーキ310円も美味しい。

安里／沖縄料理
Go-ya家
ごーやーや

地図p.35-G
ゆいレール牧志駅から🚶3分、
牧志から🚶2分

☎ 098-864-1835
📍 那覇市安里1-3-3
🕐 17:30〜翌1:00(23:30LO)
休 不定　P なし
¥ ゴーヤーちゃんぷる520円

沖縄野菜の代表格、ゴーヤーを使った料理で人気のGo-ya家。ゴーヤーちゃんぷる580円やゴーヤーのかき揚げ500円、ゴーヤーとアグー豚のキムチ鉄板焼き800円、ゴーヤーと大根のサラダ700円、自家製ゴーヤーピクルス420円、ゴーヤー焼飯650円など、ゴーヤーづくしが堪能できる。泡盛も60種類を超える品揃えで、1合550円〜。

上はゴーヤーと大根のサラダ。下はゴーヤーとアグー豚のキムチ鉄板焼

牧志／ステーキ
ステーキハウス88
すてーきはうす88

地図p.34-F
ゆいレール牧志駅から🚶6分、
てんぶす前から🚶1分

創業40年を超える沖縄では老舗のステーキハウス88グループの国際通り店。リーズナブルな外国産牛から極上の鹿児島県産の森六和牛や石垣牛まで、取り扱っている。メインのステーキ以外にも、ミートソーススパゲッティやプレーンピザなどを取りそろえていて、子ども連れから年配まで幅広い客層が、食事を楽しんでいる。ランチもリーズナブルな価格で味わえるステーキセットが各種用意されている。

☎ 098-866-3760
📍 那覇市牧志3-1-6
🕐 11:00〜23:00(22:00LO)
休 無休　P 優待あり
¥ ランチステーキ1728円〜

国際通り

49

牧志／カフェ
門
もん

地図p.34-F
ゆいレール牧志駅から🚶5分、🚏てんぷす前からすぐ

沖縄のぜんざいは、甘く煮た金時豆に氷をかけたものが主流だが、この店では小豆を使用しているのが特徴。名物はコーヒーがかかったコーヒーゼリーぜんざい500円。ほろ苦いコーヒーと甘さ控えめの小豆がベストマッチで、大人のスイーツといった感じ。国際通りから平和通りへ入った所にあるので、市場や国際通りを歩いた後に立ち寄りたい。

- 📞 098-863-2387
- 📍 那覇市牧志3-1-8
- 🕐 10:30〜17:30
- 休 木・日曜
- P なし
- ¥ コーヒーゼリーぜんざい600円

久米／甘味処
千日
せんにち

地図p.32-A
ゆいレール旭橋駅から🚶10分、🚏西武門から🚶1分

根強い人気を誇る、創業55年余のぜんざいの老舗。アイスぜんざい350円は、キメの細かいフワッフワの氷と、さっぱりとした甘さのじっくり煮込んだ金時豆が特徴。しかも高さがかなりあるビッグサイズに、初めての人は皆びっくり！ テイクアウトもできる。冬場は本土のお汁粉に似た、小豆を使ったあたたかいホットぜんざい500円も登場する。

- 📞 098-868-5387
- 📍 那覇市久米1-7-14
- 🕐 11:30〜19:00（夏期は20:00まで）
- 休 月曜(祝日の場合は翌日)
- P 2台
- ¥ アイスぜんざい350円

牧志／カフェ
Cinnamon Café
しなもん かふぇ

地図p.34-E
ゆいレール美栄橋駅から🚶4分、🚏てんぷす前から🚶3分

モロッコの土壁をイメージして手作りされた、温もりあふれる内装が心地よい、心休まる静かなカフェ。コーヒー400円〜やスムージー750円〜などのほか、パスタ850円〜やカレー850円〜などのカフェ飯も充実している。ホームメイドケーキも評判で、日替わりのシフォンケーキ420円や日替わりチーズケーキ450円のほか、ホットガトーショコラ450円も見逃せない美味しさ。

ベーコンとほうれん草のトマトソースパスタ

- 📞 098-862-2350
- 📍 那覇市牧志1-4-59 石川ビル1階
- 🕐 11:00〜20:00
- 休 木曜　P なし
- ¥ コーヒー400円〜

牧志／カフェ
雪花の郷
しぇーほぁのさと

地図p.34-B
ゆいレール牧志駅から🚶8分、
てんぶす前から🚶3分

　台湾生まれの雪のデザート、雪花冰（しぇーほあぴん）。アイスクリームでもない、かき氷でもない、なんともいえないなめらかさとデリケートな口当たりは、食べてみてのお楽しみ。トッピングは15種類、メニュー名もユニークで、550円〜。ほかに、台湾東山175線珈琲400円、フラワーティー400円〜、花咲く花茶600円もおすすめ。

📞098-866-4300
📍那覇市牧志2-12-24
🕐10:30〜19:00
休 水曜不定休
🅿 なし
¥ 雪花の郷550円〜

マンゴーの果実とオリジナルソースがかかった金銀財宝750円

牧志／ジュース
フルーツ市場
ふるーついちば

地図p.34-E
ゆいレール牧志駅から🚶5分、
てんぶす前から🚶2分

　沖縄産のフルーツや熱帯果実の専門店。フレッシュパインスティック150円や、パパイヤ150円のほか、マンゴーやパイナップルなど、完熟した旬のフルーツをふんだんに使ったフレッシュジュース280円〜が飲める。市場本通り沿いにあるので、公設市場や周辺の散策の際に立ち寄ってみては。パインスティックは食べ歩きにも最適。

📞098-864-2240
📍那覇市牧志3-1-1
🕐9:00〜21:00
休 正月　🅿 なし
¥ フレッシュジュース280円〜

牧志／カフェ
さんご座キッチン
さんござきっちん

地図p.34-F
ゆいレール牧志駅から🚶10分、
てんぶす前から🚶5分

　桜坂通り沿いに建つ桜坂劇場の1階にあるカフェ。伊是名島の豊かな水で育った伊是名米と、沖縄市のパン屋さん、ザズーの絶品カンパーニュを中心に、それぞれが引き立つメニューを用意。県内外から集めたセレクト食材はご飯とパンだけでなく、お酒とも相性ピッタリ。時間帯に関係なく各メニューが楽しめるのも嬉しい。

📞098-860-9555（桜坂劇場）
📍那覇市牧志3-6-10
🕐9:30〜22:00
休 無休　🅿 なし
¥ ごはんを楽しむセット800円〜

国際通り

国際通りや那覇空港で探してみよう！

沖縄みやげ

国際通りは、あらゆる店が軒を連ねる、県下一賑やかなショッピングストリート。夜の10時ごろまで開いている店が多いので、沖縄ならではのおみやげを、ゆっくりと探せるのも魅力。

↓オリジナル2色水玉グラス
価格は要問い合わせ
ぽってりした形がかわいい、オリジナルグラス。手にしっくりと馴染み、とても使いやすい。
Ⓑギャラリー象

↑カラビサソックス
1足1620円
指先が出ている5本指ソックスは、サンダルとのコーディネートも抜群。
ⒶHabu Box那覇空港店

↓ロハスシーサー
1対1080円
ころころした形とのんびりとした表情が、なんともかわいらしいシーサー。
ⒸMITSUOシーサー美術館

←ダイナマイトパンチシーサー 1体2916円
超個性的なシーサー。同じ顔はふたつといないので、自分好みの顔を見つけよう。
ⒸMITSUOシーサー美術館

松尾／ウェア	松尾／工芸品	牧志／シーサー
ⒶHabu Box那覇空港店 はぶぼっくすなはくうこうてん	**Ⓑギャラリー象** ぎゃらりーしょう	**ⒸMITSUOシーサー美術館** みつおしーさーびじゅつかん
地図p.28-E 那覇空港旅客ターミナルビル2F	地図p.33-H ゆいレール県庁前駅から🚶10分、 🚶松尾から3分	地図p.34-E ゆいレール牧志駅から🚶5分、 てんぶす前から🚶2分
沖縄らしいパンチの効いたオリジナルデザインが大人気のアパレルショップ。	手作りガラス製品と森正洋デザインの平形めし茶碗などの陶磁器が並ぶ。	1階のショップには、シーサーアーティスト宮城光男さんの作品が並ぶ。
☎ 098-996-3075 📍 那覇市那覇空港 🕐 7:00〜20:30 休 無休　Ⓟ空港Ⓟ利用	☎ 098-867-7936 📍 那覇市松尾2-2-11　🕐10:00 〜19:00（日曜・祝日12:00〜） 休 1月1日、旧盆　Ⓟなし	☎ 098-862-7800 📍 那覇市牧志2-1-3 🕐 10:00〜22:00 休 無休　Ⓟなし

↓天然ゴムのビーチサンダル
各1944円
タイ産100％の天然ゴムで作られたビーチサンダル。自然で素朴な風合いが魅力で、柔らかく、履き心地も快適。地球に優しいエコサンダルはぜひおすすめ。
Ⓓ海想 松尾店

→雪塩クッキングボトル
1個583円（55ｇ）
ギネス認定の宮古島産のさらさらとしたパウダー塩。湿気にくいボトルタイプ。Ⓔ塩屋 平和通り店
↓合わせ塩
各496円
とうがらし塩、ゆず塩、抹茶塩など、60種類を揃えている。
Ⓔ塩屋 平和通り店

←わしたこーれーぐーす
679円（150ｇ）
島とうがらしを泡盛に漬けた沖縄特産の香辛料。
Ⓕわしたショップ国際通り店

↑ラックチーナハンドメイドソープ
各1728円
月桃、青パパイヤ、ハイビスカスなど、沖縄素材を活かした良質な化粧石鹸。種類も豊富。
Ⓕわしたショップ国際通り店

→ぼろゆし
7452円
ポロシャツタイプのかりゆしウェアとして幅広い年代に人気。七部袖8532円もある。
ⒶHabu Box那覇空港店

沖縄みやげ

松尾／石鹸	牧志／塩	久茂地／おみやげ
Ⓓ海想 松尾店	Ⓔ塩屋 平和通り店 まーすやー へいわどおりてん	Ⓕわしたショップ国際通り店 わしたしょっぷこくさいどおりてん
地図p.33-H ゆいレール県庁前駅から8分	地図p.34-F ゆいレール牧志駅から8分、てんぶす前から2分	地図p.33-G ゆいレール県庁前駅から3分、松尾一丁目から2分
県内に6店舗。沖縄の生物や文化をモチーフにしたオリジナル雑貨や商品を販売。	沖縄をはじめ、世界各国の約500種類の塩や関連製品を扱う塩の専門店。	お菓子や食材、健康食品、工芸品、CD、本など、県産品が揃う物産店。
☎098-867-6631 📍那覇市久茂地3-29-70 🕙10:00〜22:00（金〜日曜、祝日〜23:00）休無休 Ｐなし	☎098-860-6405 📍那覇市牧志3-2-59 🕙9:30〜21:00 休無休 Ｐなし	☎098-864-0555 📍那覇市久茂地3-2-22 🕙10:00〜22:00 休無休 Ｐ有料あり

←沖縄限定菓子詰め合わせ
324円
ハイチュウパイン味やちんすこうなど、5種類の沖縄限定菓子がセット。
Ⓖおきなわ屋本店

↑古酒泡盛酒ケーキ
1425円～
泡盛の古酒をたっぷり浸み込ませたカステラ。
Ⓕわしたショップ国際通り店（p.53参照）

←醗酵ウコン
324円（25粒）
沖縄産ウコン100％の健康補助食品。独特の苦味や香りを和らげた飲みやすいタイプ。
Ⓕわしたショップ国際通り店（p.53参照）

↑オリジナル10年古酒
4320円～
古酒家でしか買えないオリジナル古酒で、これ以外にもいろいろな古酒がある。
Ⓗ古酒家

←元祖紅いもタルト
1080円（10個入り）
沖縄産の紅いも100％で作られたタルト。数々の賞を受賞した沖縄を代表する銘菓。
Ⓘ御菓子御殿 国際通り松尾店

| 牧志／おみやげ |
Ⓖおきなわ屋本店
おきなわやほんてん

地図p.33-H
ゆいレール県庁前駅から🚶10分、🚏松尾からすぐ

広い店内に、駄菓子や沖縄限定のお菓子などがぎっしりと並ぶ。

☎098-860-7848
📍那覇市牧志1-2-31
🕘9:30～22:00
休無休 P優待あり

| 牧志／泡盛 |
Ⓗ古酒家
くーすや

地図p.34-E
ゆいレール牧志駅から🚶10分、松尾から🚶4分

県内の酒造メーカー48カ所の全銘柄を扱い、古酒の品揃えは県内随一。

☎098-863-9317
📍那覇市牧志1-3-62
🕘9:00～22:30
休無休 Pなし

| 松尾／おみやげ |
Ⓘ御菓子御殿 国際通り松尾店
おかしごてん こくさいどおりまつおてん

地図p.33-G
ゆいレール県庁前駅から🚶3分、🚏松尾一丁目からすぐ

紅芋や黒糖など、沖縄県産の素材を使った銘菓が大人気。パーラーやレストランもある。

☎098-862-0334
📍那覇市松尾1-2-5
🕘9:00～22:00（8・9月8:30～20:00）
休無休 Pなし

「壺屋焼」発祥の地で焼物の心に触れる

壺屋やちむん通り
つぼややちむんどおり

壺屋やちむん通りには、工芸品や雑器を扱う専門店やギャラリーが軒を連ねている。おみやげ探しはもちろん、散歩するだけでも楽しい。

陶器と喫茶 南窯
とうきときっさ ふぇーぬかま

荒焼の五代目島袋常雄氏とその孫・常康氏の作品を鑑賞しながら、ゆっくりとお茶が飲める。注文を受けてから豆を挽く香り高いブレンド500円や、琉球菓子のちんびん付きのお茶セット700円などを、壺屋焼の素敵な器でいただきながら静かなティータイムを楽しみたい。店の裏には現存する最古の登窯があり見学も可能。

- 098-861-6404
- 那覇市壺屋1-9-29
- 9:00～19:30 休 不定

小橋川製陶所 仁王窯
こばしがわせいとうしょ におうがま

琉球王朝時代より約300年の伝統を守ってきた古窯で、赤絵の再興と釉薬の研究に力を入れている。赤絵を施した湯呑み1620円〜やカラカラ3240円〜、マグカップ2700円〜、ぐいのみ1080円〜など、どれも素朴な美しさに満ちている。

- 098-863-4617
- 那覇市壺屋1-28-27
- 9:00～18:00 休 無休

育陶園
いくとうえん

高江洲忠工房の作品を買うことができる。茶碗3240円〜などが人気。工房の見学も可能。さらに、ロクロ4320円やシーサー作り3240円の体験工房もあるので、体験を希望する人は育陶園で頼もう。要予約。

- 098-866-1635
- 那覇市壺屋1-22-33
- 10:00～18:30 休 1月1・2日

那覇市立壺屋焼物博物館
なはしりつつぼややきものはくぶつかん

沖縄の焼物を支えてきた壺屋焼を中心に、沖縄の代表的な焼物や、影響を与えたアジア各地の焼物を展示している。沖縄における焼物の歴史や、壺屋焼の技法、製作工程などをわかりやすく紹介。3階のニシヌメー広場には、現在の沖縄県庁の敷地から発見された平窯も移設され、見学できるようになっている。1階のゆんたくコーナーでは、焼物や壺屋の情報、焼物に関するDVDが閲覧できる。

ゆいレール牧志駅から徒歩10分
- 098-862-3761
- 那覇市壺屋1-9-32
- 10:00～18:00(最終入館17:30) 休 月曜(休日の場合は開館)、12月28日～1月4日
- P なし 料 おとな350円、当面の間大学生以下無料

なはしない・なはこうしゅうへん　　地図　p.28〜29

那覇市内・那覇港周辺

エリアの魅力

観光ポイント
★★★
グルメ
★★★
ショッピング
★

情緒あふれる琉球文化と
近代都市が共存する沖縄最大の港

　沖縄本島と本土や離島を結ぶ玄関口・那覇港。王朝時代から対外貿易の拠点として繁栄し、現在は沖縄県の政治・経済・文化の中心地として発展し続けている。晴れた日には慶良間諸島が見渡せ、夜は那覇の夜景も楽しめるのが、那覇泊港埠頭を渡る泊大橋。海浜公園やビーチが整備され、憩いの場として親しまれている。

まわる順のヒント

　どのスポットも国際通りから歩いて20分以内。レンタカーの場合、那覇市内の渋滞に巻き込まれる可能性がある。周辺の駐車場に停めて歩く方が無難。国際通り周辺の通行規制はp.27参照

問い合わせ

那覇市観光案内所
📞098-868-4887
那覇市観光課
📞098-862-3276
沖縄県空港リムジンバス案内センター
📞098-869-3301
沖縄交通グループ
📞098-946-5005
沖縄観光コンベンションビューロー
📞098-859-6123

那覇市内への行き方

那覇空港 → 国際通り周辺の朝と夕方の通行規制に注意(p.27参照) レンタカー約10分 → ゆいレール県庁前駅

那覇空港 → 路線バス120・125番などで約15分　230円 → 県庁北口

那覇空港駅 → その他の駅間はホームページ(p.26参照)で ゆいレール13分　260円 → ゆいレール県庁前駅

那覇空港 → 国道332号〜国道331号を利用 タクシー約10分　1170円が目安 → ゆいレール県庁前駅

※恩納リゾートエリアへの行き方はp.93参照

見る&遊ぶ

識名園
しきなえん 〈世界遺産・国特別名勝〉

地図p.29-L
識名園前から🚶2分

　琉球王家最大の別邸。18世紀末に造られ、国王一家の保養や外国使節の接待などに利用された。4万1997㎡の広大な園内には、中国風の六角堂やアーチ橋、廻遊式庭園などがある。第二次大戦で壊滅的な打撃を受けたが再建・整備され、世界遺産にも登録されている。

📞098-855-5936
📍那覇市字真地421-7
🕘9:00～18:00(10月～3月は17:30まで)
休水曜(祝日の場合は翌日) Ｐ60台
¥高校以上400円、子ども200円

波の上ビーチ
なみのうえびーち

地図p.30-A
ゆいレール県庁前駅から🚶20分、西武門から🚶7分

　波の上橋の下に広がる那覇市内唯一のビーチ。那覇空港からもそう遠くないので、沖縄到着日や帰る日など、遠出をする時間がないときでも気軽にひと泳ぎできる。遊泳期間は4月第1日曜～10月31日。更衣室やトイレのほか、シャワー(100円)もある。さらに波の上緑地側にはダイビング・シュノーケリング専用ビーチ、波の上ビーチ広場にはバーベキュー施設もある。

📞098-863-7300(波の上うみそら公園)
📍那覇市若狭1-25 🕘9:00～18:00(7・8月は～19:00) ¥入場無料 Ｐ～500円

対馬丸記念館
つしままるきねんかん

地図p.30-A
西武門から🚶3分

　1944年8月22日、沖縄から九州へ向かう学童疎開船の対馬丸が米海軍潜水艦ボーフィンに攻撃され、学童を含む1484名が命を落とした対馬丸撃沈事件。今なお鹿児島県吐噶喇列島悪石島付近の海底に眠る学童たちの遺品や対馬丸の模型などから、戦争の悲劇と平和と命の大切さを伝えている。

📞098-941-3515 📍那覇市若狭1-25-37
🕘9:00～17:00(最終入館16:30)
休木曜、12月31日～1月3日 Ｐあり
¥おとな500円、中・高校生300円、小学生100円

半潜水式水中観光船マリンスター
はんせんすいしきすいちゅうかんこうせんまりんすたー

地図p.30-B
ゆいレール美栄橋駅から🚶10分、泊高橋から🚶7分

　泊港から沖に出て、色鮮やかな熱帯魚や珊瑚礁などを観察できるのが、マリンラインの半潜水式・水中観光船マリンスター号だ。船の中央キャビンが昇降して海中を眺められる。前日までの予約が必要。

📞098-869-2241(マリンライン)
📍那覇市泊3-14-1
🕘10:15、11:30、13:15、14:30出港(1日4便)
休無休(荒天時運休) Ｐあり
¥3000円

那覇市内・那覇港周辺

沖縄県立博物館・美術館（おきみゅー）
おきなわけんりつはくぶつかん・びじゅつかん

地図p.31-D
ゆいレールおもろまち駅から🚶10分、🚏県立博物館前からすぐ

【左】常設展では国指定重要文化財の『旧首里城正殿鐘（万国津梁の鐘）』を展示／【右上】沖縄伝統の三線も展示／【右下】自然史部門では「ヤンバルの森」を再現

　博物館の常設展では、「海と島に生きる」をメインテーマに、沖縄の自然、歴史、文化を紹介。総合展示室の周囲には、自然史や考古、美術工芸、歴史、民俗の5つの部門展示室があり、それぞれのテーマをより深く知ることができる。総合展示室にある国の重要文化財『万国津梁の鐘(旧首里城正殿鐘)1458年』は開館時間30分毎に実際の鐘の音を聞くことができる。
　このほか、子ども向けの無料コーナー・ふれあい体験室には、沖縄の島言葉や玩具、グスクの石積みの技術など、常設展にちなんだ体験キットがあり、実際に手で触れて遊びながら学習することができる。
　博物館の中庭には琉球の伝統的な民家が再現されているほか、17世紀頃に沖縄窯業の中心を担った湧田窯が発掘されたままの状態で移設された展示棟もある。美術館のコレクション展では、沖縄県ゆかりの作家の近現代美術作品を中心に展示している。

📞098-941-8200
📍那覇市おもろまち3-1-1
🕘9:00～18:00（金・土曜は20:00まで）
🚫月曜(祝日の場合は翌日)、年末年始ほか
🅿️あり　💴博物館：おとな530円、高・大学生260円、小・中学生150円、美術館：おとな400円、高・大学生210円、小・中学生100円

波上宮
なみのうえぐう

地図p.30-A
ゆいレール旭橋駅から🚶15分、🚏西武門から🚶3分

　琉球八社のひとつで、那覇市民には「なんみんさん」の名前で親しまれている。正月には多くの初詣客で賑わうほか、琉球王朝時代の正装である琉装に身を包み、荘厳な雰囲気の中での結婚式も挙げられる。サンゴが隆起した丘の上に建ち、5月の大祭では神輿が繰り出される。

📞098-868-3697
📍那覇市若狭1-25-11
🅿️あり　💴拝観自由

国内旅行でも免税ショッピング
Tギャラリア 沖縄 by DFS

　免税店といえば海外旅行時に利用するのが一般的だが、Tギャラリア 沖縄は、国内旅行でも免税ショッピングができる日本で唯一のストア。約1万㎡の広大な売り場には、コスメ、フレグランス、ウォッチ、ジュエリーなどに加え、沖縄の名産品も集結。世界の一流ブランドの最新コレクションやDFS限定商品などが、国内小売価格より最大30%もオトクな免税プライスで購入できる。館内にはドリンクやチョコレートが楽しめるカフェや、旬の沖縄素材を使ったメニューが堪能できるレストランも併設している。

　那覇空港から沖縄県外に出発する人なら誰でも免税品の購入が可能。ショッピングの際、出発日と搭乗便をスタッフに伝えて専用のショッピングカードを作成しよう。出発の1カ月前から、出発日当日の搭乗時刻2時間前まで購入でき、購入した商品は、那覇空港内DFS商品受取りカウンターでショッピングカードと搭乗券を提示して受け取ることができる。

地図p.31-D　ゆいレールおもろまち駅から🚶3分
☎0120-782-460　♀那覇市おもろまち4-1
⏰9:00〜21:00(季節、店舗により異なる)
休無休　Pあり

食べる&買う

安謝／創作沖縄料理
おもろ殿内
おもろどうんち

地図p.29-C
♀天久から🚶10分

　170坪の広大な敷地に琉球王朝時代の屋敷を再現。趣向を凝らした5種類の部屋で、沖縄の旬の食材をふんだんに使った創作料理をゆったりと味わえる。特製のタレに1日漬けたソーキのやわらか揚げ1382円をはじめ、チャンプルーやラフテーなど定番の沖縄家庭料理も各種揃えている。このほか、自社農場で大切に育てた琉球在来豚アグーを使った、特選しゃぶしゃぶ1814円などのアグー料理もおすす

め。泡盛も新酒から古酒、花酒まで種類豊富に用意。首里の金城町石畳沿いには姉妹店の「首里殿内」もあり、敷地内には泡盛資料館も併設。

📞098-866-7395
♀那覇市安謝1-2-3
⏰11:30〜14:30(14:00LO)、17:00〜24:00(23:00LO)
休1/1〜3ランチ休業
P昼7台、夜20台
¥チャンプルー料理702円〜

久米／カフェ
カフェ沖縄式
かふぇおきなわしき

地図p.30-E
ゆいレール県庁前駅から🚶10分、
♀西武門から🚶2分

　ゆったりとくつろげる、木のぬくもりあふれるカフェ。二十種類のスパイスを泡盛の古酒で練り込んで長期熟成させた古酒カレー1000円や、トロピカルな琉球ラッシー540円など、沖縄らしさに徹したメニューが豊富。

📞098-860-6700
♀那覇市久米2-31-11
⏰11:00〜21:00
休不定　Pあり
¥古酒カレー1000円

那覇市内・那覇港周辺

西／ステーキ
ジャッキー ステーキハウス

地図p.30-E
ゆいレール旭橋駅から🚶5分、那覇バスターミナルから🚶5分

　戦後間もないアメリカ統治時代にオープンし、アメリカ兵や地元の人々に愛され続けてきた、沖縄のステーキハウスの老舗。気軽に入れるステーキハウスとして人気があり、アメリカのダイナーを思わせる店内は、いつも多くの客であふれている。おすすめはテンダーロインステーキL2500円とニューヨークステーキL1900円。このほか500円〜1050円のランチをはじめ、ステーキサンド850円、ハンバーガーステーキL900円、タコライス550円なども人気。いずれも味はもちろんのこと、ボリュームも満点。

📞 098-868-2408
📍 那覇市西1-7-3
🕐 11:00〜翌1:00LO
休 第2・4水曜　P 13台
¥ ランチ500円〜

民謡ステージ「歌姫」で沖縄民謡に酔いしれる

　「あの海へ帰りたい」でメジャーデビューし、坂本龍一とのコラボでも知られる沖縄民謡の重鎮・我如古(がねこ)より子プロデュースの店。オーナーである我如古もライブで美声を披露。毎夜幅広い客層でにぎわっている。予算2000円〜。

地図p.33-H
📞 098-863-2425
📍 那覇市牧志1-2-31
🕐 20:00〜翌1:00　休 水曜
¥ ライブチャージ1000円
P なし

安里／市場
栄町市場 さかえまちいちば

地図p.35-H
ゆいレール安里駅から🚶5分

　アーケード街に120もの店がひしめき合う、懐かしい昭和のたたずまいを残すマチグヮー(市場)。生鮮食品店や生活用品店をはじめ、万富(p.47参照)をはじめとする飲食店もおよそ25店舗ある。6月〜10月の最終土曜日には「栄町市場屋台祭り」を開催。屋台のほか、市場のオバァたちによる「おばぁラッパーズ」や「市場ダンサーズ」のパフォーマンス、エイサーなども楽しめる。

📞 098-886-3979(事務所)
📍 那覇市安里388-1
🕐 9:00〜19:00頃(飲食店は〜24:00頃)　休 日曜　P なし

まち歩きコース「那覇まちま〜い」

　個性豊かな地元ガイドと一緒に歩き、今までとは違う角度から那覇を見て楽しめる通好みのツアー。「世界遺産 玉陵と金城町・パワースポット巡り」(約1時間30分)や、「国際通りのワキ道ヨコ道ウラの道」(約1時間30分)など、14〜20コース、1000円〜を用意。予約は📞098-860-5780またはwww.naha-machima-i.com/

しゅり　　地図　　p.66〜67

首 里

エリアの魅力

観光ポイント
★★★★★
グルメ
★★★★
ショッピング
★★

ゆいレール首里城駅

琉球王朝時代の栄華を語る
情緒あふれる城下町を散策

　14世紀頃から1879年の廃藩置県まで、政治や文化の中心地として栄えた琉球王国の都。市内には首里城を中心に、沖縄の歴史や文化を語る貴重な史跡が点在。世界遺産に登録されている首里城跡、園比屋武御嶽石門、玉陵の3カ所がこのエリアにある。

まわる順のヒント

　首里城近辺には駐車場が少ない。まず首里城公園の地下駐車場に行ってみて、満車だったら近くの私営パーキングへ。多少待てば入れる。また首里城周辺の道は細いので、路上駐車は厳禁。

問い合わせ先

首里城公園管理センター
☎098-886-2020
那覇市観光案内所
☎098-868-4887
那覇市観光課
☎098-862-3276
沖東交通無線
☎0120-21-5005

首里への行き方

那覇バスターミナル　国際通り周辺の朝と夕方の通行規制に注意。p.27参照
レンタカー約10分

那覇バスターミナル　♀首里城前下車。そのほか♀首里城公園入口を利用
8番首里城下町線　約32〜33分　　230円

ゆいレール旭橋駅　首里駅からバス約5分、150円。または徒歩約15分
ゆいレール16分　　300円

那覇バスターミナル　国道58号・県道222号・29号を利用
タクシー約20分　　1280円が目安

首里城（♀首里城前）

首里 まわる順のヒント

首里では首里城を中心にゆっくりと時間をかけて散策するのがおすすめ。首里城だけの見学なら2時間ぐらい。このほかの観光名所も訪れるならおよそ4時間ぐらいの時間が必要だ。

レンタカーは首里城地下駐車場へ
首里城近辺には駐車場がないか、あるいは少ない観光スポットや店舗が多い。首里城周辺を目指すなら、まず首里城公園首里杜館の地下駐車場にクルマを預けてからにしよう。

Ⓐ 首里城公園
復元でよみがえった首里城をはじめ、栄華を極めた琉球王朝を語る歴史的建造物が那覇市街を見下ろす高台に点在する。また歴史や文化などをより深く知りたいなら、那覇市街角ガイドに認定された人に観光ガイド(p.68参照)を頼むのもいい。

首里駅から各見どころは路線バスが便利
沖縄バス7・8番系統の首里城下町線は、ゆいレールを利用して首里城公園など首里にある文化遺産を回りたいときにもおすすめのバス路線。ゆいレールの首里駅から首里城前バス停までは約5分で、バス停から守礼門までが徒歩3分、玉陵へも徒歩3分とすぐ。料金はともに150円。
さらに首里城公園から金城町の石畳道まで足を延ばしたい場合、帰路に石畳入口バス停で乗車すると、ゆいレールの首里駅まで約8〜11分。

 観光タクシーガイドを活用！
効率よく観光ポイントを回る手段として、観光タクシーもおすすめ。指定のタクシー会社と提携しているホテルもあるので、ホテルのフロントを通じて申し込むのがいい。
●那覇市内発着での料金の目安
1.史跡と民芸コースA(玉陵〜守礼門〜首里城〜泡盛酒造〜瑞泉酒造〜金城町石畳〜壺屋やちむん通りまたは牧志公設市場)所要約4時間、小型1万3900円〜
2.史跡と民芸コースB(守礼門・首里城〜泡盛の酒造〜識名園)所要約3時間、小型1万8600円〜
3.琉球世界遺産コース(斎場御嶽〜識名園〜首里城跡〜園比屋武御嶽石門〜玉陵〜中城城跡〜勝連城跡〜今帰仁城跡〜座喜味城跡)所要約10時間、小型3万2500円〜

Ⓑ 金城町石畳道
日本の道百選のひとつに数えられている約300mほどの風情ある道。首里を訪れたら是非寄ろう。苔むした石垣と赤瓦の民家を眺めつつ散策が楽しめる。かなり急な下り坂なので、行きはよいものの帰りはきつい。下

りたところに市内線のバス停石畳前があるが、本数が少ない。石畳道途中の♀石畳入口の方が便利。

レンタカーの運転は車線変更に注意！
レンタカーやバスで首里から国際通り方面へ戻る際に注意したいのは県道29号線。渋滞

が多く、松川交差点〜安里交差点間はバスレーンが設けられ、中央線が時間帯によって変更される。

※入園料や有料駐車場料金などが別途かかる

見る&遊ぶ

首里城・首里城公園　〈世界遺産〉
しゅりじょう・しゅりじょうこうえん

地図p.67-G
ゆいレール首里駅から🚶15分、♀首里城公園入口から🚶5分

　首里城公園は、標高120〜130mの小高い丘の上に広がっている。その首里の丘は、那覇の町を見下ろせる高台で、沖縄にとって聖地的な存在だった。その公園内に建つのが、日本、中国、琉球の文化を取り入れた独特の建築様式が印象的な首里城。創建は14世紀末で、現在の建物は1992年に復元さ れ、内部は展示室になっている。ゆいレール首里駅からは龍潭通り、県立芸大前を通り、徒歩15分の歓会門から入園した方が近い。

📞 098-886-2020　📍那覇市首里金城町1-2
🕐 8:30〜19:00(12月〜3月は18:00まで、7月〜9月は20:00まで)、最終受付30分前まで
❌ 7月の第1水曜日とその翌日　🅿 有料116台
💴 おとな820円、高校生620円、小・中学生310円

↓首里城散策のスタートとなる大手門の守礼門

←内部には装飾品などが展示されている首里城
↓世界遺産に登録された園比屋武御嶽石門
（そのひゃんうたきいしもん）

↑第一の正門である歓会門は来客を歓迎するという意味

玉陵　〈世界遺産〉
たまうどぅん

地図p.66-B／ゆいレール首里駅から🚶20分、♀首里城公園入口から🚶5分

　国宝に指定されている県内最大の墓陵。創建は1501年とされ、尚真王（しょうしん）の頃といわれる。堅牢な石造りの墓の内部には3つの墓室があり、歴代の王や王妃の遺骨を安置。第二次世界大戦の沖縄戦で被害を受たが1974年から3年の歳月をかけて修復された。

📞 098-885-2861
📍 那覇市首里金城町1-3
🕐 9:00〜18:00　❌ 無休　🅿 なし
💴 おとな300円、子ども150円

首里

63

世界文化遺産の城郭を深く知る

首里城で体感！琉球王国の世界

約450年にわたり続いた王制の国、琉球王国。
その政治・外交・文化の中心として栄華を誇った首里城をじっくりと見てみよう。

独自の文化を築いた王国の象徴

14世紀末に創建された首里城は、政治の場だけではなく、儀礼と祭祀の場所として城全体が聖域だった。正殿を境にして、西側一帯は政治や外交を中心とした「表」の世界で、御庭（うなー）、南殿・番所、北殿、書院・鎖之間（さすのま）などがある。これに対して東側一帯は御内原と呼ばれ、国王と親族、そこに仕える多くの女性たちが暮らす「奥」の空間があった。現在この御内原は長年の整備が終わり、2019年2月から新エリアとして公開が始まった。

正殿の1階は琉球王府の政治や儀式が執り行なわれ、2階は主に国王と家族などの儀式空間、3階は通風を目的とした屋根裏部屋になっている。日本と中国双方の文化を併せ持ち、さらに琉球建築の様式を取り込んだ独自の形態が見られる。

頭だけではないよ！
正殿の屋根正面の巨大な龍頭棟飾（りゅうとうむなかざり）には、実は胴体も造られている。

正殿前の御庭では…
御庭（うなー）では、一年を通してさまざまな儀式が行なわれていた。中央の浮道（うきみち）は国王と賓客しか通れず、現在は5cmほどの段差があるが、当時は15cmくらいあったといわれる。

浮道はなぜ斜め？
首里城正殿の正面から、首里城公園内の首里森御嶽（すいむいうたき）が見えるラインを示しているとか、風水によるものなどの諸説があり、まだまだ謎の部分が多いのが実情だ。

龍の数と爪に注目！
中国皇帝の象徴である龍の爪は本来5つ。中国との貿易を行なっていた琉球王国が、中国皇帝に配慮して4爪にしたといわれている。正殿には外観に13体、1階に6体、2階に14体、合計33体の龍がいるので、ぜひ数えてみよう。

START 首里城 南殿・番所

書院

戦前の岩が残っている
書院・鎖之間(さすのま)庭園は、沖縄戦で、そのほとんどを消失したが、今なお岩の一部は現存。岩中央の白い部分より下が昔のもので、世界遺産に指定されている。上半分は琉球石灰岩を利用して2008年に復元したもの。

正殿1階

首里城正殿の遺構
正殿1階では地下遺構も眺められる。3層になっていて、奥のものほど歴史が古く形も異なる。

政治と儀式の場
正殿1階の御差床(うさすか)の背後の障子戸を開くと、2階に続く国王専用の階段「おちょくい」がある。

国王だけの階段
国王は、階段全体に朱漆が塗られている、このおちょくいを使って、2階から出御していた。

正殿2階

国王と神女たちの儀式の場
正殿2階の御差床の背後にある扁額(へんがく)は、歴代の中国皇帝から送られた御書(ぎょしょ)を扁額に仕立てたもの。当時は9枚あったといわれているが、そのほとんどを沖縄戦で消失してしまい、現在あるのはそのうちの3枚を復元したものとなる。

国王も拝んだ場所
祈りの空間である、おせんみこちゃの祭壇には香炉が置かれ、毎朝、神女が火の神(ひぬかん)を拝んでいたという。久高島のある東方に向かって国王も拝んでいたともいわれ、今でも毎朝抹香を焚いて当時を偲んでいる。

金龍の口に注目
口を閉じている左側が吽形(うんぎょう)、口を開けている右側が阿形(あぎょう)。城内の龍はそのほとんどがこの対になっている。

GOAL 首里城 北殿

HINT 首里城無料ガイドを利用しよう!
イヤホンマイクを利用してのガイドを受けながら、南殿・番所→書院→正殿→北殿を回る、所要約50分のコース。9時、10時30分、13時、14時、15時、17時の開始時間に合わせて、南殿・番所入口に集合(予約不可)、1回の定員は15名。2019年5月以降有料の予定も。
※首里城の開館時間や問い合わせはp.63参照。

首里城で体感！琉球王国の世界

弁財天堂
べんざいてんどう

地図p.67-C
ゆいレール首里駅から🚌15分、🚏当蔵から🚶4分

　円覚寺総門前の円鑑池中の島にある小堂で、琉球王朝時代を偲ばせる優美なたたずまいで建っている。航海の安全を司る水の神様の弁財天が祀られており、お堂にかかる小橋は「天女橋」と呼ばれ、石の欄干には蓮の彫刻などが施されている。その昔、尚真王時代の1502年に、朝鮮から贈られた経典を収納するために建立されたが、第二次大戦の沖縄戦で破壊され、お堂は1968(昭和43)年、橋は1969(昭和44)年に復元された歴史をもつ。

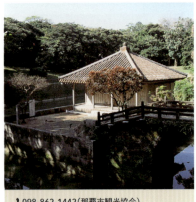

📞 098-862-1442(那覇市観光協会)
📍 那覇市首里当蔵町1-3
🅿 なし
¥ 見学自由

首里琉染
しゅりりゅうせん

地図p.66-B
ゆいレール首里駅から🚶20分、🚏首里高校前または山川から🚶3分

　紅型発祥の地としても知られる首里の高台に建つ伝統工芸館。沖縄の原風景をそのまま切り取ったような、鮮やかな色と図柄が美しい紅型のオリジナル商品を購入できるほか、工房の見学もできる。「幸せを呼ぶ石」ともいわれるサンゴの

化石を使ったサンゴ染体験も開催。要予約、受付9時30分〜17時。

Tシャツやトートバッグなどのサンゴ染め体験（おとな3240円、子ども2700円）もできる。所要約30〜40分

📞 098-886-1131
📍 那覇市首里山川町1-54
🕘 9:00〜18:00　休無休　P 5台

67

首里杜館
すいむいかん

地図p.67-C
ゆいレール首里駅から🚶15分、🚏首里城前から🚶すぐ

　首里城周辺を散策するときに利用したい、駐車場も兼ねたサービスセンター。館内の情報展示室には、首里城公園の全体模型やハイビジョンを使った映像コーナー、検索ビデオコーナー、パネル展示などが用意されていて、首里城見学の予習・復習に役立つ。また、レストランやショップ、コインロッカーなども完備している。

📞098-886-2020　📍那覇市首里金城町1-2
🕐8:00～18:00、カフェ9:00～19:00(12月～3月10:00～18:30)、レストラン10:00～17:00(16:30LO)
休7月の第1水曜とその翌日　🅿有料116台

首里観音堂
しゅりかんのんどう

地図p.66-A
ゆいレール安里駅から🚶15分、🚏ノボテル沖縄那覇前から🚶3分

　首里坂下通りから首里城の守礼門へ向かう途中に立つ、赤瓦の屋根と朱塗りが印象的な禅刹。薩摩藩に対する琉球王府側の人質として海を渡った佐敷王子が、長年の拘束から解放され無事に帰国したことを祝

TEKU TEKU COLUMN

首里城や首里の町の歴史を詳しく教えてもらえる

「那覇市街角ガイド」に認定されている人たちが、史跡巡りや那覇の裏町などを案内してくれる。玉陵・金城町石畳道や公設市場、識名園など17コース＋フリーコースがあり、料金は1～5人の1グループで3500円。首里城周辺コースは約2時間。申し込みは1週間前くらいまでに。問い合わせは街角ガイド事務所📞098-860-5960。

い、父の尚久により修造されたという。現在は、船旅の安全をはじめ、海上での平穏無事を祈願する拝所として知られ、連日多数の参拝客が訪れる。

📞098-884-0565　📍那覇市首里山川町3-1
🕐7:00～18:00　🅿40台　💴見学自由

金城町石畳道
きんじょうちょういしだたみみち

地図p.66-F
ゆいレール首里駅から🚶20分、🚏石畳前から🚶1分

　16世紀に三代国王尚真によって南部に通じる主要道路「真珠道(まだま)」の一部として造られた、琉球石灰岩の石畳。当時は他にも数多くの石畳が造られたが、ほとんどが戦災によって失われ、現在残っているのはここだけだ。道の両脇には、石垣と赤瓦の家並が続き、古都の面影を色濃く残している。沖縄県指定の名勝。

📞098-917-3501(那覇市文化財課)
📍那覇市首里金城町　🅿なし

食べる

首里／八重山料理
八重山料理 潭亭
やえやまりょうり たんてい

地図p.29-H
ゆいレール儀保または首里駅から🚶8分、🚏赤平から🚶10分

　八重山出身のオーナー、宮城礼子さんが自宅を改装した店内でもてなしてくれる。琉球王朝料理を八重山流にアレンジした料理は、どれも素朴かつ上品な味わい。昼のメニューは八重山懐石3240円と5400円のみ。夜は懐石料理8640円～2万1600円のほか、4名以上揃えば1人1万6200円で豪華な東道盆（とぅんだーぼん）に盛られた料理も楽しめる。

📞098-884-6193
📍那覇市首里赤平町2-40-1
🕐11:00～15:00、18:00～23:00（昼夜ともに前日までに要予約）
🚫月曜　🅿2台
💴八重山懐石3240円～

首里／沖縄そば
首里ほりかわ
しゅりほりかわ

地図p.67-C
ゆいレール首里駅から🚶15分、🚏首里城公園入口から🚶3分

　今帰仁村で長年愛されてきたそばの名店「なちじん」が首里へ移転してからも、相変わらずの人気。落ち着いた佇まいの店内で、上品なほりかわそば630円～やソーキそば750円～を味わえる。あっさり味の澄んだスープと、程よい弾力のあるモチモチ手作り麺に、沖縄そば定番の紅ショウガではなく刻みショウガを乗せた手作りそばは、コンビネーションも抜群。

📞098-886-3032
📍那覇市首里真和志町1-27
🕐11:00～16:00LO（売り切れ次第閉店）
🚫木曜　🅿優待駐車場あり
💴ほりかわそば630円～

首里／カフェ
嘉例山房
かりーさんふぁん

地図p.67-C
ゆいレール儀保駅から🚶10分、🚏首里城公園入口から🚶1分

　白い泡がこんもりと乗ったユニークなお茶、ぶくぶく茶が飲める店。琉球王朝時代に冊封使（さっぽうし）をもてなす時に供されたという伝統的なお茶で、泡は白米を焙煎した粉と硬水を茶せんで泡立てたもの。飲み方は、口のまわりに泡がつくことを気にせずに、泡とお茶を一緒に飲み干す。ぶくぶく茶は、漬物・お菓子付きで1200円。ほかに、手作り無添加アイスクリーム400円、大盛りぜんざい900円などもある。

📞098-885-5017
📍那覇市首里池端町9
🕐11:00～18:00(17:30LO)
🚫火・水曜（祝日、GW、旧盆、年末年始は営業）
🅿4台　💴ぶくぶく茶1200円

首里／沖縄料理
うちなー料理 いろは庭
うちなーりょうり いろはてい

地図p.67-G
🚏石畳前から🚶5分

　首里城などの散策のあとに立ち寄りたい、本格的なうちなー料理と泡盛のお店。自宅を改装した落ち着いた佇まいの一軒家で、沖縄の民家に招かれたようなゆったりとした雰囲気のなかで食事ができる。宮廷料理から家庭料理まで、地元の素材にこだわった伝統的な料理が各種定食で楽しめる。写真は石畳定食。

📞098-885-3666
📍那覇市首里金城町3-34-5
🕐11:30～15:00、18:00～22:00(LO 21:00)
🚫水曜（祝日の場合は営業）
🅿15台
💴石畳定食1500円～

首里

買う

首里／酒造
瑞穂酒造
みずほしゅぞう

地図p.29-D
ゆいレール市立病院前駅から🚶2分、🚏那覇市立病院前から🚶2分

　沖縄で最も歴史のある酒造で、琉球王国最後の国王、尚泰が即位した嘉永元年（1848年）に創業。見学施設の天龍蔵は、地下が泡盛の貯蔵庫になっているので、かなり強烈な泡盛の香りに包まれる。足元の蓋を開けて中を見せてくれるほか、泡盛造りの工程をビデオで鑑賞しながら、約10種類の泡盛を試飲できる。

📞 098-885-0121
📍 那覇市首里末吉町4-5-16
🕐 8:30～17:30
　（酒蔵見学は10:00～12:00、13:00～16:00要予約）
❌ 日曜・祝日と第2・4土曜、GW、年末年始　🅿️3台

首里／まんじゅう
山城まんじゅう
やまぐすくまんじゅう

地図p.67-C
ゆいレール首里駅から🚶20分、🚏首里高校前から🚶3分

　ていねいに炊き上げた粒あんを薄皮で包み、月桃の葉の上で30分間蒸した、昔ながらの素朴な美味しさで人気の山城まんじゅうは1個140円。天妃前まんじゅう（p.48ペーチン屋参照）、のーまんじゅう（下段のぎぼまんじゅう参照）とともに古くから伝わる、沖縄3大まんじゅうのひとつ。月桃の香りに包まれながら、店内で食べることもできる。

📞 098-884-2343
📍 那覇市首里真和志町1-58
🕐 10:30～16:00頃
　（売り切れ次第終了）
❌ 日・木曜
🅿️ あり

首里／まんじゅう
ぎぼまんじゅう

地図p.29-D
ゆいレール首里駅から🚶8分

　創業100年近い老舗で、沖縄の小豆を使った粒あんがたっぷり入った直径10cmほどのまんじゅうは1個150円。食紅で書かれた「の」の字はのしの「の」で、沖縄のお祝いの席には欠かせないという、沖縄3大まんじゅうのひとつ。

首里／泡盛
泡盛館
あわもりかん

地図p.66-F
🚏一中健児の塔入口から🚶7分

　館内では古酒を中心に、県下の全48酒造所200銘柄1000種以上の泡盛を揃えて展示・販売している。店内には15～20年ものの古酒の試飲コーナーもあり、全国への宅配もできる。1989（平成元）年製造の「まさひろ」43度古酒（720㎖）3万円（来館者限定価格、電話での問い合わせも可能）は数々の賞を受賞した名品。このほか、入手困難な希少古酒も並ぶ。

📞 098-885-5681
📍 那覇市首里寒川町1-81
🕐 10:00～18:30
❌ 火・水曜　🅿️2台

📞 098-884-1764
📍 那覇市首里久場川町2-109-1
🕐 9:00～売り切れ次第閉店
❌ 日曜　🅿️5台

本島中部・北部

ちゃたん・ぎのわん・うらそえ　地図　p.146-E・F

北谷・宜野湾・浦添

エリアの魅力

観光ポイント
★★
リゾート
★★★
グルメ
★★★★★
ショッピング
★★★★★

国際文化都市の顔をもつ
若者に人気のレジャーエリア

　国道58号線沿いに広がるエリア。北谷町のアメリカンビレッジは、若者に人気のアメリカンテイストあふれるレジャータウン。米軍普天間基地がある宜野湾市は国際文化都市の顔をもつ。琉球統一以前の都があった浦添市には歴史を語る史跡や美術館などがあり、王統時代から現代までの沖縄の姿を垣間見ることができる。

まわる順のヒント

　このエリアは北谷のアメリカンビレッジ以外のスポットは、それぞれが離れているのでレンタカーの利用がおすすめ。沖縄自動車道を使う場合は、北谷は沖縄南IC、宜野湾は北中城IC、浦添は西原ICを利用するといい。また、週末の国道58号線は北谷エリアを中心に道路が渋滞するので注意しよう。

問い合わせ先

浦添市観光振興課
098-876-1234
浦添市観光協会
098-874-0145
宜野湾市観光振興協会
098-897-2764
北谷町商工観光課
098-936-1234
北谷町観光協会
098-926-5678
中央共同無線タクシー
098-892-0606
沖縄観光コンベンションビューロー
098-859-6123

北谷・宜野湾・浦添への行き方

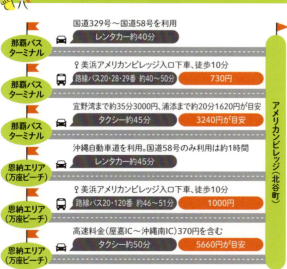

72

潮風の吹くプレジャースポット
アメリカンビレッジで遊ぼう

北谷公園に隣接している美浜・アメリカンビレッジ。沖縄の青い空にそびえたつ大きな観覧車など、カリフォルニアの雰囲気をふんだんに取り入れた一大ショッピング＆レジャーゾーンとして、若者やファミリーに人気の注目スポットだ。映画館やゲームセンター、ボウリング場などの遊びのスポットはもちろん、いろいろな種類のレストラン、カジュアルウェアのショップなどが揃っている。

地図p.79-A
アクセス●クルマの場合は、那覇市内から渋滞がなければ約40分。恩納エリアからは、40分〜1時間ほど。ただし、週末は渋滞することが多いので、余裕を持って出かけたほうがいい。那覇方面からはハンビー通りに入るよりも3車線ある国道58号線を利用したほうが渋滞していても流れる。アメリカンビレッジ全体で2000台程度が駐車できるスペースがあるが、週末は夕方頃から満車になるケースが多い。
バスの場合、那覇バスターミナルから20、28、29、120番を利用。♀美浜アメリカンビレッジ入口から🚶10分。
ワンポイントアドバイス●サンセットビーチが隣接しているので、1日のんびり遊ぶつもりで出かけるのもいい。おすすめは夕暮れどきで、観覧車をはじめ、カラフルなイルミネーションでビレッジ全体が彩られ美しい。

観覧車・SKYMAX60

アメリカンビレッジのシンボル、大観覧車。日中は地上60mからのオーシャンビューが楽しめ、夜になると鮮やかなイルミネーションが輝き、見ているだけでも美しい。

📞098-936-5351
🕐11:00〜22:00　休無休
¥おとな500円、4歳〜高校生300円

サンセットビーチ

北谷公園にある人工ビーチで、サンセットの美しさはピカイチ。シャワー（3分100円）やロッカー（200円）、売店も完備。バーベキューセットのレンタルも行なっていて、メニューコースによって料理が変わる。遊泳期間は4月中旬〜10月で、7月〜8月は9時〜18時。それ以外は季節により変わる。

📞098-936-8273（ビーチ管理事務所）
🕐9:00〜18:00（隣のパーラー、アイランドパドラーズ12:00〜20:00LOまで）　休無休

カラハーイ

りんけんバンドジュニア「ティンクティンク」のオキナワンミュージックが聴けるパブレストラン。毎週土曜日はりんけんバンドのライブも楽しめる。

📞 098-982-7077 ⏰ 18:00〜21:00 休 12/31・1/1 ¥ 2800円(土曜4500円)

MIHAMA 7PLEX
みはま せぶんぷれっくす

名前は7だが、8つのスクリーンがあるアメリカンスタイルのシネコンプレックス。常時、それぞれが話題の映画を上映している。

📞 098-936-7600
⏰ 10:00〜(土・日曜、祝日、春・夏休み、GWは9:00〜) 休 無休
¥ おとな1800円〜、高・大学生1500円〜、子ども1000円〜、シニア1100円

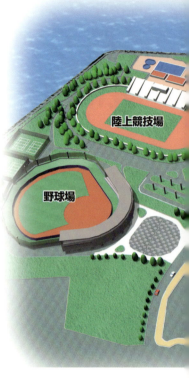

陸上競技場

野球場

アメリカンデポ

広い店内にはアメリカンカジュアルがぎっしりと詰まっている。1階には小物、2階にはユーズドやビンテージものが揃い、中でもユーズドは専属スタッフがアメリカやヨーロッパまで買い付けに行くので品揃えも抜群。

📞 098-926-0888
⏰ 10:00〜21:00
休 無休

SOHO
そーほー

ミリタリー、ハワイアン、アウトドア、バイカー、ワークなどを中心に、アメリカンスタイルを提案しているセレクトショップ。なかでもビンテージジーンズをはじめ、米軍払い下げ品やヨーロッパ直輸入のミリタリーウエアやグッズが充実している。

📞 098-982-7785
⏰ 10:00〜21:00
休 無休

Habu Box AKARA店
はぶぼっくす あからてん

県内外から人気を集めているアパレルショップ。オリジナルデザインのウエアやグッズ(p.52〜53の那覇空港店参照)をはじめ、版画家・名嘉睦稔のテキスタイルデザインを、藍印花布のやさしい色合いと手触りで表現したレキオシアンのアイテムも豊富に並ぶ。

📞 098-936-8239
⏰ 10:00〜20:00
休 無休

デポズガーデン

　地元の食材をふんだんに採り入れた美味しくてボリューム満点の料理が、リーズナブルな値段で味わえるカジュアルレストラン。カレーやパスタ、チキン、シーフード、ステーキ、さらに自家製ケーキ、ワイン、泡盛などを楽しめる。ランチタイムのパスタセットが、スープ、サラダ、ドリンクが付いて980円〜。カレーセットはサラダ、ドリンクが付いて980円〜。

☎ 098-982-7790　🕚 11:30〜22:30（金・土曜・祝前日〜23:30）、LOは30分前　休 無休

ポッケファーム

　外国人も納得のボリュームたっぷりのバーガーサンドが食べられる。写真のスパムチャンキーエッグサンド680円やサルサチーズバーガー880円、アボマヨタコライス880円〜、タコモコライス750円〜などがおすすめ。

☎ 080-8581-1405　🕚 11:00〜21:00　休 無休

アメリカンビレッジで遊ぼう

75

見る&遊ぶ

浦添市美術館
うらそえしびじゅつかん

地図 p.146-E
那覇市街から🚗30分、🚶美術館から👟5分

　わが国初の漆器専門美術館。銅板でできた八角層の屋根が印象的な建物は、建築家内井昭蔵による「塔と回廊による構造」をモチーフにしたもので、琉球王朝の伝統文化を伝える琉球漆器を幅広く展示・紹介。館内は、朱漆に沈金や螺鈿を使用した16〜17世紀、将軍家や大名への贈答品として、黒漆に螺鈿を用いた精巧な作品が作られた17〜18世紀、箔絵・堆錦を用いて量産された19世紀と、年代ごとに展示室が設けられていて、琉球漆器の歴史とその製法、周辺諸国との交流などを詳しく学ぶことができる。1階にはカフェもある。

- 📞 098-879-3219　📍 浦添市仲間1-9-2
- 🕘 9:30〜17:00（金曜は19:00まで）、最終入館30分前まで
- 休 月曜（祝日の場合は開館）、年末年始
- 🅿 共有あり　💴 おとな200円、大学生130円

浦添ようどれ
うらそえようどれ

地図 p.146-F
那覇市街から🚗40分

　浦添城跡の北側中腹にある、琉球王国初期の王陵。自然洞窟を堀削して造営され、浦添出身の尚寧王が英祖王とともに葬られている。併設の浦添グスク・ようどれ館では、古写真や出土遺物などのほか、英祖王陵の内部が実物大で再現されている。王陵は、向かって左が尚寧王陵の東室（とうしつ）、右が英祖王陵の西室（せいしつ）。

- 📞 098-874-9345（浦添グスク・ようどれ館）
- 📍 浦添市仲間2-53-1　🕘 9:00〜17:00
- 休 月曜（祝日の場合は開館）、ようどれは無休
- 💴 おとな100円、子ども50円　🅿 あり

普天満宮
ふてんまぐう

地図 p.146-F
那覇市街から🚗25分、🚶普天間から👟すぐ

　波上宮（p.58参照）と並ぶ、琉球八社のひとつで、琉球王国時代に洞窟に琉球古神道神を祀っていたと伝わる。名勝に指定されている全長280mの洞穴もあり、そのうちの50mほどが公開されている。約3000年ほど前の沖縄貝塚時代の遺物が発掘されており、無料で見学できるのでぜひ訪れてみたい。拝殿の横にある御守授与所で申し込みを行なうと、巫女が洞窟入口まで案内してくれる。見学は10〜17時、無休、無料。

- 📞 098-892-3344
- 📍 宜野湾市普天間1-27-10
- 🅿 あり　💴 拝観自由

普天満宮の境内にある洞穴

食べる&買う

宜野湾／ファストフード
キングタコス長田店
きんぐたこすながたてん

地図p.146-F
長田交差点のすぐ横

沖縄を代表するファストフードとして親しまれているタコライスが食べられる。このタコライスは、オーナーが20年前にアメリカ人向けに発案して作ったところ、人気を集めて多くの人たちに食べられるようになったもの。大盛ライスの上にひき肉とチーズ、レタスがふんだんに盛られたタコライスチーズ野菜700円がおすすめ。タコス400円(2個)～も美味しい。

- 📞 098-893-0286
- 📍 宜野湾市宜野湾3-1-1
- 🕐 10:00～深夜2:00
- 休 無休　P 8台
- ¥ タコス400円(2個)～

浦添／沖縄そば
てだこ

地図p.146-E
浦添市図書館の真向かい

昼間は行列もできるとい

う、夫婦で営む手打ち沖縄そばの店。座るまで少し待つのは覚悟して出かけよう。無漂白の粉を使って作る麺は、のどごしのよい平麺。麺の硬さは変更可能。沖縄そば中590円のほか、ソーキそば640円～、よもぎそば中690円も人気。子どもそばは330円。このほか、マーボー風トーフそばや黒米トロロそば(各740円)などの変わりそばもある。夏は冷やしよもぎそばや冷やし黒米トロロそばなど、冷やしのメニューもおすすめだ。

- 📞 098-875-5952
- 📍 浦添市仲間1-2-2 コーポ西原101
- 🕐 11:00～20:00 (売り切れ次第閉店)
- 休 月曜　P 5台
- ¥ 沖縄そば中590円

砂辺／居酒屋
凡蔵
ぼんぞう

地図p.79-A
国体道路入口交差点から🚗2分

日本酒や焼酎のラインナップが充実している居酒屋。自慢の料理は、常に季節の旬のものを日替わりで提供。小さな七輪を使ってスルメや鮭トバなどを焼く珍味の七輪焼きセット880円も人気。

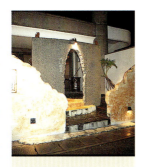

- 📞 098-926-1056
- 📍 北谷町砂辺304-4
- 🕐 17:00～24:00 (23:00LO)
- 休 不定　P 5台
- ¥ 珍味七輪焼きセット880円

宜野湾／沖縄そば
伊波家
いはや

地図p.146-F
宜野湾市役所から🚗5分

製麺所が直営しているそば処。太めの自家製手もみ麺は、太さが均一ではなく、不揃いの太さが美味しさの秘密とか。人気の伊波家そば700円は、いなり寿司が1個付いてボリュームも満点。サイドメニューには、豚足やとうふ、大根などを煮込んだ手びちの煮つけ900円がおすすめ。

- 📞 098-892-0185
- 📍 宜野湾市野嵩1-50-6
- 🕐 11:00～20:00 (19:45LO)
- 休 第2・4木曜　P 20台
- ¥ 伊波家そば700円

北谷／ファストフード
Ishigakijima Kitchen Bin
いしがきじま きっちん びん

地図 p.79-B
北谷交差点から 🚗 すぐ

　黄色にペイントされたポップで可愛い外観が目を引くハンバーガー店。オーナーの出身地である石垣島の食材を使ったメニューが豊富で、なかでも石垣牛BINアボカドバーガー1210円～や石垣牛BINベーコンチーズバーガー1230円～、石垣牛BINロコモコ1360円など、ジューシーな石垣牛を贅沢に使った特製メニューが大人気だ。

　このほか、注文してから揚げてくれるポテトチップス320円も食べはじめると止まらないほどの美味しさで、注文しない人はいないほど。ドリンク、オニオンリング、ポテト、ポテトチップスが付くセットメニューもある。

📞 098-936-7587
📍 北谷町北谷1-11-12
🕐 11:00～19:00
休 火曜　P なし
¥ 石垣牛BINベーコンチーズバーガー1230円～、ポテトチップス320円

北谷／沖縄そば
裕次郎そば
ゆうじろうそば

地図 p.79-B
北谷交差点から 🚗 3分

　おすすめは、先代が石原裕次郎の大ファンということで名前がついた裕次郎そば大580円は、さっぱりとした味で人気。製麺機と手もみを組み合せて仕上げた自家製麺は、ダシとの相性も絶妙。ソーキそば大850円や定食のセットメニュー750円～などもおすすめ。

📞 098-936-6886
📍 北谷町北前1-11-11
🕐 11:30～18:00
　（土・日曜は19:00まで）
休 月曜　P 10台
¥ 裕次郎そば大580円

牧港／ファストフード
A&W 牧港店
えーあんどだぶりゅまきみなとてん

地図 p.146-E
牧港交差点から 🚗 1分

　24時間オープンで、クルマに乗ったままオーダーできるアメリカンスタイルのファストフード店。モッツァバーガー490円、THE A&Wバーガー650円などの、ボリューム満点のオキナワンバーガーが人気。このほかにも、サンドイッチやホットドッグ、季節限定のメニューなども用意している。

📞 098-876-6081
📍 浦添市牧港4-9-1
🕐 24時間営業
休 無休　P 52台
¥ THE A&Wバーガー650円

砂辺／創作料理
目からうろこ
めからうろこ

地図 p.79-A
浜川交差点から 🚗 5分

　アメリカンビレッジの北側、サーフィンスポットで知られる宮城の砂辺海岸にある陽気なシーサイド居酒屋。テビチを揚げて甘辛ソースで絡めた、てびちの唐揚げ南蛮ソース580円をはじめ、フィッシュ&チップス680円や各種チャンプルー料理580円～など、無国籍風創作料理が人気。姉妹店の隣のバー、NEXT DOORもおすすめ。

📞 098-936-4839
📍 北谷町宮城2-219
🕐 18:00～24:00
休 月曜　P なし
¥ てびちの唐揚げ南蛮ソース580円

北谷／アイスクリーム
Big Dip北谷店
びっぐ でぃっぷちゃたんてん

地図 p.79-B
北谷交差点から🚗3分

アメリカで生まれ、沖縄に根付いたブルーシールのアイスクリーム店。常に30種類以上のフレーバーが用意されており、季節ごとに少しずつアイテムが替わる。定番のブルーシールサンデー580円、アイスクリーム、ソフトクリームはともに340円〜。

📞 098-936-9659
📍 北谷町美浜1-5-8
🕐 10:00〜翌1:00
　　（金・土曜〜24:00）
休 無休　P 20台
¥ アイスクリーム340円〜

北谷／衣類・雑貨
アメリカンスペース ハンビー店
あめりかんすぺーす はんぴーてん

地図 p.79-B
北谷交差点から🚗1分

国道58号線沿いでひときわ目立つ赤い建物のショップ。ジーンズやTシャツなどのカジュアルウェアをはじめ、カラフルでかわいいアクセサリーや生活雑貨など、アメリカから直輸入したアイテムが並ぶ。オリジナルデザインのTシャツや、ミリタリーの古着も扱っている。オリジナルのTシャツがだいたい2000円ぐらいから。

📞 098-936-7939
📍 北谷町北谷2-1-1
🕐 11:30〜20:30
休 1月1日　P 30台
¥ Tシャツ2000円ぐらい〜

79

おきなわし　地図　p.146-F

沖縄市（コザ）

エリアの魅力

観光ポイント
★★
グルメ
★★
ショッピング
★★★

アメリカ統治時代の面影を色濃く残す
多国籍な顔が行き交う沖縄第2の都市

　1974年までの「コザ市」の名前が今なお生き続ける沖縄第2の都市。嘉手納基地をはじめ米軍の施設に囲まれた土地柄、中心街には横文字看板を掲げた米軍御用達の店やレストランが軒を連ね、円と並んで＄表示のプライスも並ぶ。夜はライブハウスで、ディープなオキナワンミュージックで盛り上がる。

まわる順のヒント

　パークアベニューをはじめ、市内は駐車スペースがない店も多いので、有料パーキングを利用して徒歩で回ろう。またパークアベニューは国道330号線からコリンザ方向への一方通行なので注意したい。

問い合わせ先

沖縄市観光物産振興協会
♪098-989-5566
コザ協同無線
♪098-939-1414

沖縄市への行き方

※バス／恩納エリアからの直通バスはなく、乗り換えも多いのでおすすめできない

見る&遊ぶ

沖縄市立郷土博物館
おきなわしりつきょうどはくぶつかん

地図p.146-F
園田交差点から🚗2分、🚶園田から🚶5分

　地域の自然と文化に関する展示から、琉球の祭りや民俗芸能に至るまでの資料が集められた郷土博物館。常設の第1展示室では、貝塚時代から戦後までの沖縄市の歴史、民俗行事、民俗芸能をジオラマをまじえて紹介。第2展示室には、沖縄市の地形や地質をはじめ、川や海辺の生物を詳しく展示している。

📞098-932-6882　📍沖縄市上地2-19-6
🕘9:00〜17:00
🚫月曜・祝日(文化の日は除く)
🅿20台　💴入館無料

道の駅かでなの向こうは
広大な米軍基地

　米軍基地と国道58号を挟んで建つ道の駅かでな。国道の向こう側に広がるのが極東随一の米軍嘉手納基地だ。4階建ての道の駅は、嘉手納町の歴史や米軍基地などを知ることができる学習展示室や特産品販売所(9時〜19時)、レストラン(9時〜23時)などがある複合施設。この施設の目玉は、何といっても屋上4階の展望テラスから眺める米軍基地の全景。連日、観光客をはじめ修学旅行生の一群、米軍の動向を監視するため常駐している市民グループなどが入り交じり、一種独特な雰囲気。基地問題の現実がまざまざ感じられる場所といって過言ではない。一度は足を運びたい。

地図p.146-F　嘉手納ロータリーから🚶3分
📞098-957-5678　📍嘉手納町屋良1026-3
🕘8:00〜22:00　🚫無休　🅿110台

1階で売られているサーターアンダギー

テラスは基地を眺める人々であふれる

基地と比べると小さな道の駅かでな　　国道58号の向こう側は広大な基地

沖縄市(コザ)

コザゲート通り
こざげーとどおり

地図 p.83-A・B
沖縄南ICから🚗2分

沖縄市の中心部、国道20号線と県道330号線が交差する胡屋十字路と、米軍嘉手納基地の第二ゲートを結ぶ、およそ全長500mの異国情緒あふれるストリート。道の両側には外国人の経営するショップも多く、英文字の派手な看板が目立つ。夜はナイトクラブのネオンが怪しく灯る。

📞 098-989-5566（沖縄市観光物産振興協会）
📍 沖縄市中央

食べる&買う

沖縄市／ファストフード
セニョールターコ

地図 p.146-F
比嘉交差点から🚗1分

プラザハウス（p.83参照）の敷地内にある、メキシコ料理の代表格として知られるタコスの専門店。やはりおすすめはひき肉と野菜たっぷりのタコス216円だ。タコス以外でも、タコライスLサイズ594円やブリート324円〜も人気で、アメリカ人客はアボカドとサワークリームのトッピング（各108円）を必ず一緒にオーダーするとか。オニオンリング324円もおすすめ。

📞 098-933-9694
📍 沖縄市久保田3-1-6
🕐 11:00〜21:30LO
🚫 無休
🅿 共有300台
💴 タコス216円〜

沖縄市／ファストフード
チャーリー多幸寿
ちゃーりーたこす

地図 p.83-A
パークアベニューのコリンザ寄り

タコス界の大御所ともいわれている店。ビーフ、ツナ、チキンの3種類揃ったタコスは3個セットで690円。やや辛めの自家製ソースは、ソフトなトルティーヤとのコンビネーションもグッド。タコスエキストラも人気。駐車場は近くの有料を利用する。

📞 098-937-4627
📍 沖縄市中央4-11-5
🕐 11:00〜21:00（20:45LO）
🚫 木曜（祝日は営業）
🅿 なし
💴 タコスセット690円〜

沖縄市／カフェ
珈琲専門店 原点
こーひーせんもんてん げんてん

地図 p.146-F
山里交差点から🚗1分

　県道24号線から少し入った、緑に囲まれた閑静な場所にある隠れ家的な雰囲気が漂うカフェ。4月と8月には沖縄のコーヒー豆で淹れたコーヒーが飲めるなど、季節に合わせたこだわりの焙煎をしている。静かで落ち着いた店内で、自家焙煎の原点ブレンド珈琲500円をゆっくりと楽しみたい。夏には真水で6時間かけて作る水出しの原点アイス珈琲500円がおすすめ。豆はオーナーが自ら厳選している

るという徹底ぶりだ。

📞 098-932-2121
📍 沖縄市山里2-9-31
🕐 10:00〜19:00
休 日曜　🅿 10台
¥ コーヒー500円

沖縄市／沖縄そば
アワセそば食堂
あわせそばしょくどう

地図 p.146-F
コザ十字路から🚗5分

　コザのそば屋の老舗のひとつ。自家製麺工場によるオリジナル麺は平麺と細麺があり、好みの方を選べる。ともにもっちりとした食感が自慢。あっさりとしていながらコクのあるスープも美味しい。このほか麺と野菜、三枚肉を炒めたヤキソバ740円も人気。

📞 098-937-8762
📍 沖縄市高原5-3-9
🕐 10:30〜17:00　休 木曜（祝日の場合は営業）、正月、旧盆
🅿 15台　¥ ソーキそば(中)590円

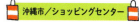
沖縄市／ショッピングセンター
プラザハウス
ショッピングセンター

地図 p.146-F
沖縄南ICから🚗6分

　1954年に誕生した日本初のショッピングモール。ヨーロッパなど海外直輸入のアイテムが揃うロージャース、本格広東料理の月苑飯店やインド料理のクリシュナなど異国情緒溢れるレストランや、沖縄と日本のいいものが揃うFlagship OKINAWAもおすすめ。

📞 098-932-4480
📍 沖縄市久保田3-1-12
🕐 10:00〜20:00
休 無休　🅿 650台

沖縄市（コザ）

ほんとうひがしかいがん　地図　p.146〜147

本島東海岸

エリアの魅力

観光ポイント
★★★★
ショッピング
★★★

海と島を渡るドライブと遺跡めぐりで
素朴で美しい沖縄の魅力にひたる

　太平洋に面した東海岸側のほぼ中央部。農業や漁業を主産業とする、静かでのどかな風景が広がるエリアだ。世界遺産に登録されている中城（なかぐすく）城跡や勝連（かつれん）城跡をはじめ、琉球王国の歴史を語る遺跡も数多く残されている。沖合いには海中道路を利用して爽快なシーサイドドライブが楽しめる、橋で結ばれた4つの小島がある。

まわる順のヒント

　東海岸の観光スポットはそれぞれの移動距離が長く、バス停留所から離れているところが多いのでバスは不便。天気の良い日は海中道路を渡って島めぐりのドライブがおすすめだ。

本島東海岸への行き方

那覇バスターミナル
沖縄自動車道、沖縄北ICを利用。中城城方面には北中城ICを利用
レンタカー約50分

那覇バスターミナル
勝連城跡前下車、西原から🚢8分
路線バス27・52番など約1時間35分
1240円

那覇バスターミナル
高速料金（那覇IC〜沖縄北IC）500円を含む
タクシー約1時間10分
7890円が目安

→ 勝連城跡（うるま市）

恩納エリア（万座ビーチ）
沖縄自動車道、沖縄北ICを利用
レンタカー約50分

恩納エリア（万座ビーチ）
高速料金（屋嘉IC〜沖縄北IC）290円を含む
タクシー約50分
5870円が目安

※恩納エリアからの直通バスはなく、乗り換えも多いのでおすすめできない

問い合わせ先

うるま市観光振興課
📞098-923-7612
うるま市観光物産協会
📞098-978-0077
北中城村企画振興課
📞098-935-2233
中城村企業立地観光推進課
📞098-895-2131
日興タクシー
📞098-973-9494
ゆうなタクシー
📞098-932-6771

84

見る&遊ぶ

中城城跡　〈世界遺産〉
なかぐすくじょうあと

地図 p.146-F
沖縄市街から🚗15分、久場から🚶25分

　美しいアーチ門、さまざまな石積み技法を駆使した総石垣の6つの城郭から、グスク建築の最高峰と呼ばれている。城郭部分だけでも約4300坪と沖縄でも有数の規模を誇るグスクで、かつて琉球を訪れたペリー提督もその技術をたたえたといわれる。

📞 098-935-5719（中城城跡共同管理協議会）
📍 北中城村大城503
🕐 8:30～17:00（5月～9月は～18:00）
休 無休　P 50台
💴 おとな400円、中・高校生300円、小学生200円

勝連城跡　〈世界遺産〉
かつれんじょうあと

地図 p.147-G
与勝交差点から🚗3分、勝連城跡前から🚶すぐ

　11～12世紀に築城され、琉球史に名を残す実力者・阿麻和利が15世紀に修築した

「ぬちまーす」の製塩風景の見学や食事が楽しめる"ぬちうなー"

　世界初の常温瞬間空中結晶製塩法で作られ、ミネラル含有量世界一としてギネスブックにも認定された塩「ぬちまーす」。宮城島にある観光製塩ファクトリー「ぬちうなー」では、眼前の海水を利用した製塩風景を見学できる。2階のショップでは、ぬちまーす（250g、1080円）や、ぬちまーすを使ったお菓子や味噌、化粧品などを販売。レストランはp.86参照。

地図 p.98　📞 098-983-1111
📍 うるま市与那城宮城2768
🕐 9:00～17:30　休 無休　P 45台

勝連城跡は世界遺産に登録された。与勝半島の丘陵を利用して築城された石垣は今も残り、美しい曲線を見せている。城内からは、古琉球時代に盛んに行なわれていた海外貿易で入ってきた青磁類などが出土。最上部まで登れば、金武湾から太平洋に浮かぶ島々、中城湾から知念半島までを一望。

📞 098-978-7373（勝連城跡休憩所）
📍 うるま市勝連南風原3908　🕐 9:00～18:00
休 無休　P 40台　見学自由

本島東海岸

中村家住宅
なかむらけじゅうたく

地図 p.146-F
中城公園入口から🚗7分

　国の重要文化財にも指定されている中村家住宅は、18世紀中頃に建てられた豪農の屋敷。室町時代の日本建築と中国の建築様式が融合した独特のたたずまいで、士族屋敷の形式と農家の両方を併せもった沖縄の住居建築の特色をすべてもつ建物だ。

- 📞 098-935-3500（中村家おみやげ品店）
- 📍 北中城村大城106
- 🕘 9:00～17:30
- 休 火曜（GW、年末年始は除く）　P 30台
- ¥ おとな500円、中・高校生300円、小学生200円

ビオスの丘
びおすのおか

地図 p.91-B
仲泊交差点から🚗10分

　「ビオスの丘」は、ランの花と亜熱帯沖縄の自然がテーマの植物園。園内にある周囲約1Kmの大龍池で運航されているのが、ビオスの丘名物の湖水観賞舟。船頭の案内が楽しい25分間のジャングルクルーズ（乗船料おとな800円、子ども500円）だ。

　また、自分たちでこの湖を散策できる貸しカヌーは、流れや波などがほとんどないので、初心者でも安心して体験できるため、子ども連れにも最適なアトラクション。このほか園内には、沖縄本島では珍しい水牛車が定時運行されている。水牛車にゆられ、ゆったりと「ゆんたく」（沖縄の方言でおしゃべりのこと）しながら、うちなータイムを過ごしてみては。ちなみに「ビオス」とはギリシャ語で「生命」のこと。

- 📞 098-965-3400
- 📍 うるま市石川嘉手苅961-30
- 🕘 9:00～18:00（最終入園17:00）
- 休 無休　P 130台
- ¥ おとな900円（2019年7月より1000円）、子ども500円。

食べる

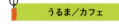

うるま／カフェ

たかはなり

地図 p.98
海中道路西口交差点から🚗20分

　ぬちうなー（p.85参照）の2階にあるレストラン。良質な県産豚や旬の地場野菜にこだわり、すべての料理に自家製塩のぬちまーすを使用している。ランチのおすすめは、ぬちまーす仕込みのスーチカーセット。ごはんにスープ、デザートが付いて1500円。ほかにカレー、タコライス、ぬちまーすそばが各1000円。ランチはフリードリンク付き。スイーツは人気の塩ソフトクリーム500円やパンケーキ塩ソフト800円、パンケーキスフレ塩ソフト850円が好評。4月～10月にはかき氷やぜんざいも登場。

- 📞 098-983-1140
- 📍 うるま市与那城宮城2768
- 🕘 カフェ10:00～17:00、ランチ11:30～15:00
- 休 無休　P 45台
- ¥ ぬちまーす仕込みスーチカー1500円

よみたん　地図　p.146-B

読 谷

工芸作品の制作に励む芸術家たちが集い
歴史と伝統を育むのどかな村

　通信施設をはじめとする米軍基地が村域の多くを占めている読谷村だが、伝統工芸の里としても知られ、村内には読谷山花織や焼物の工房、ガラス器の工房が点在するなど、工芸ファンには見逃せないスポットだ。また村の中央には世界遺産に登録されている座喜味城跡もある。国道58号線から東端の残波岬までは名産の紅芋やサトウキビ畑が広がるのどかな風景が続く。

エリアの魅力

観光ポイント
★★★★★
リゾート
★★★
グルメ
★★★
ショッピング
★★★

まわる順のヒント

　主な観光ポイントは、路線バスが走る国道58号線から離れているので、レンタカーかタクシーで行った方がよい。
　また、やちむんの里、残波岬のあたりは道路が狭く、日が落ちるとわかりにくいので、日中の早い時間に訪れよう。

問い合わせ先

読谷村商工観光課
☎098-982-9216
読谷村観光協会
☎098-958-6494
第一交通（タクシー）
☎098-956-2305
沖縄観光コンベンションビューロー
☎098-859-6123

読谷への行き方

那覇空港	沖縄自動車道のICまで遠いので、国道58号を利用　レンタカー約1時間10分	
那覇空港	空港リムジンバスゆうな号、エアポートライナーB号　高速バス約1時間33分	1500円
那覇空港	国道58号を利用　タクシー約1時間10分	6450円が目安
恩納エリア（万座ビーチ）	国道58号を利用　レンタカー約50分	
恩納エリア（万座ビーチ）	国道58号を利用　タクシー約50分	3930円が目安

目的地：残波岬（沖縄残波岬ロイヤルホテル）

※バス／直通のバスはないが、国道58号線沿いは路線バス20番が運行。読谷村共同販売センターは、♀親志入口下車

見る&遊ぶ

☎ 098-982-9216（読谷村商工観光課）
📍 読谷村座喜味708-4
🕐 見学自由　🅿 50台

やちむんの里
やちむんのさと

地図 p.91-A
喜名交差点から🚗3分、🚏親志から🚶15分

　やちむんとは焼物のこと。読谷村はかつて沖縄の古窯として栄えたが、琉球王朝時代に陶工が那覇の壺屋に集められたため廃れてしまう。しかし、1972（昭和47）年に人間国宝の金城次郎氏の窯が招致されたのを機に復興し、現在は、20弱の窯元が集まっている。地域内の共同直売店では作品の購入も可能。登窯は北窯と読谷山窯の2つ。

☎ 098-958-4468　📍 読谷村座喜味2653-1
🕐 共同直売店 10:00〜17:00
　（工房により営業時間、休日は異なる）
休 不定　🅿 あり

座喜味城跡　〈世界遺産〉
ざきみじょうあと

地図 p.91-A
喜名交差点から🚌8分、🚏座喜味から🚶12分

　15世紀に読谷村地方を治めた護佐丸が築城したとされる座喜味城。沖縄戦では、日本軍の高射砲陣地が築かれたこともあり、アメリカ軍の猛攻を受け壊滅的な被害を受けた。戦後は米軍のレーダー基地となったが、本土復帰とともに国指定の史跡となり、現在は公園として人々に愛されている。

残波岬
ざんぱみさき

地図 p.91-A
沖縄残波岬ロイヤルホテルから🚌2分

　読谷村の北西端にある景勝地で、高さ30mの断崖が約2kmにわたって続く。隆起サンゴに打ちつけられ、砕け散る波の様子は非常にダイナミック。岬の先端に立つ白亜の灯台（9:30〜16:30、200円）と海と空の青さのコントラストは、まるで絵に描いたように美しい。付近には遊歩道もあり、のんびり散策するのにも最適。

☎ 098-982-9216（読谷村商工観光課）
📍 読谷村宇座
🕐 見学自由　🅿 50台

沖縄黒糖
おきなわこくとう

地図 p.91-B
読谷村共同販売センターから🚌2分

　沖縄の特産品として知られる黒糖について、サトウキビの段階から黒糖に仕上げるまでの製造工程を順を追って見学できる。サトウキビが飴状になるまで糖汁を煮詰める煮込みの工程は、午前

中が見ごろ。施設内にはサトウキビに関するパネル展示もあり、黒糖加工品の販売コーナーでは、おみやげも買える。

- ☎ 098-958-4005
- 📍 読谷村座喜味2822-3
- 🕘 8:30～17:30　休 無休　P 30台
- ¥ 工場見学無料、黒糖づくり体験1000円～

読谷村伝統工芸総合センター
よみたんそんでんとうこうげいそうごうせんたー

地図p.91-A
喜名交差点から🚗10分、🚏座喜味から🚶10分

　直線と曲線を巧みに組み合せた美しい幾何学模様が特徴の読谷山花織。読谷村の伝統工芸として600年の歴史を持ちながら、一時は絶滅寸前にまでなったが、1964（昭和39）年に有志の手によって復興された。小物類は、コースター540円、テーブルセンター2700円～などを販売している。

- ☎ 098-958-4674
- 📍 読谷村座喜味2974-2
- 🕘 9:00～17:00　休 不定
- P 8台　¥ 見学無料

世界遺産座喜味城跡 ユンタンザミュージアム
せかいいさんざきみじょうあと ゆんたんざみゅーじあむ

地図p.91-A
喜名交差点から🚗8分、🚏座喜味から🚶15分

　旧村立歴史民俗資料館が拡大してリニューアルオープン、県下市町村レベルでは随一の規模となった。世界遺産の座喜味城を中心に読谷村の歴史や自然、暮らしなどを豊富な資料で紹介。人間国宝金城次郎の作品や珍しい亀甲墓の展示も。

- ☎ 098-958-3141
- 📍 読谷村喜味708-6
- 🕘 9:00～18:00（最終入館17:30）
- 休 水曜（祝日の場合は翌日）、年末年始　P 30台
- ¥ おとな500円、65歳以上400円、小中学生300円

道の駅 喜名番所
みちのえき きなばんしょ

地図p.91-B
喜名交差点の横、🚏喜名から🚶すぐ

　首里城と国頭を結ぶ接点として、琉球王朝時代には、人々の往来や文化の交流が盛んな宿場町として栄えた読谷村喜名。往時の雰囲気をそのままに、政治や行政が行なわれた番所を復元し、道の駅として利用。レストランやショップなどはないが、観光ガイドが歴史的、文化的なスポットを案内してくれる。

- ☎ 098-958-2944　📍 読谷村喜名1-2
- 🕘 9:00～18:00　休 12/29～1/3　P 35台

ジンベエザメと海中遊泳！

　成長すると20mにもなるジンベエザメとシュノーケリングで一緒に泳ぐツアーがある。場所は読谷（都屋）漁港からボートで約10分。参加は6歳以上で、9100円。8時30分、10時30分、13時、15時集合の1日4回催行の完全予約制。体験ダイビングコースは1万3400円、Cカード取得者対象のファンダイブコースは1万2400円。ともに水着、タオル、着替え持参。読谷や恩納エリアなどのホテルへの送迎あり。

- ☎ 098-956-0070（トップマリン残波店）
- 📍 読谷村都屋33　読谷村漁業協同組合内B1

食べる&買う

読谷／カフェ
ギャラリー森の茶屋 やちむんの里
ぎゃらりーもりのちゃや　やちむんのさと

地図 p.91-A
親志入口交差点から🚗1分

　やちむんの里の散策の途中で立ち寄りたい静かなカフェ。里内の登窯で焼かれたオリジナルの陶器が並ぶ店内で、ぜんざい400円〜や甘さ控えめの金時豆が美味しいクリームぜんざい450円（写真）、沖縄風お好み焼きのひらやぁーちぃー600円など、沖縄ならではのおやつが味わえる。

📞 098-958-0800
📍 読谷村座喜味2653-1
🕒 12:00〜19:00
休 正月、旧盆　P あり
¥ ぜんざい400円〜

読谷／居酒屋
あじつぼ

地図 p.91-A
伊良皆交差点から🚗5分

　琉球の郷土料理をアレンジしたオリジナル料理が好評。トマトの揚げだし500円、ゴーヤーお好み焼き650円、豚足のあじつぼ煮650円（写真）、豚足の唐揚650円や、マグロ、アボカド、チーズなどが入った中巻きの寿司天ぷら1本650円が人気。読谷焼と琉球ガラスの食器も味を盛り立てている。珍しいところでは、マンタが上がった時のみ登場する、マンタの唐揚げやステーキ（各650円）も味わいたい。

📞 098-956-2723
📍 読谷村楚辺1326-3
🕒 18:00〜24:00
休 不定　P 10台
¥ 豚足の唐揚げ650円〜

読谷／洋食
フィッシャーマンズ・ウォーフ

地図 p.95-A
伊良皆交差点から🚗10分

　目の前が海というロケーションで、伊勢エビとウニソースのフィレミニヨンステーキ4212円などの、新鮮なシーフードとステーキを味わえるレストラン。海に面したテラス席は、すぐ前が砂浜になっていて開放感満点。すばらしいサンセットを眺めながら食事ができる。好きな魚を選ぶと、刺身、バター焼など好みの方法で調理してもらえる季節のお魚料理（時価）もおすすめる。

📞 098-957-3138
📍 読谷村都屋40-3
🕒 11:00〜22:00
休 無休　P 50台
¥ ランチ1058円

読谷／工芸品
読谷村共同販売センター
よみたんそんきょうどうはんばいせんたー

地図 p.91-B
親志入口交差点から🚗1分

　陶芸、花織、宙吹ガラスなど、読谷村を中心に活躍する60余の工房・工芸家たちの作品を一堂に展示、販売している。各作家のプロフィールなどを紹介しているので、どの作品をどんな作家が作ったのかがわかるのも楽しい。品物は宅配で送ってもらえるし、作家・作品名がわかっている場合は電話の追加注文も受けつけている。

📞 098-958-1020
📍 読谷村座喜味2723-1
🕒 9:00〜18:00
休 木曜　P 30台

やちむんの里フォト散歩

　やちむんの里には2つの登り窯と、19の工房が点在。のんびり歩いてまわるのに手ごろな広さだ。2カ所の共同販売所でお気に入りを探したり、ギャラリー森の茶屋(p.90)で一休みしたりで、ゆったり過ごしたい。

【右上】北窯／【右中】読谷山窯共同売店／【右下】北窯売店/【左上】読谷山窯／【左下】各窯元や工房の前にも器が並ぶ

伝統工芸を体験できる
「むら咲むら」

NHK大河ドラマ「琉球の風」で使用されたオープンセットを利用した体験施設。吹きガラスや花織、紅型、陶芸などの伝統工芸や、三線や琉球舞踊などの伝統芸能など、沖縄ならではの体験メニューを豊富に用意。琉球王朝の雰囲気が漂う園内の散策も含め、1日かけてゆっくりと楽しみたい。

地図 p.91-A
☎ 098-958-1111　📍 読谷村高志保1020-1
🕘 9:00～18:00（レストランは9:00～15:00、17:00～22:00）　休 無休　🅿 400台　¥ おとな600円、中・高校生500円、小学生400円

→園内では沖縄料理や沖縄の伝統工芸などの32工房101の体験ができる

↓琉球王朝時代の建物を再現したテーマパーク

読谷／陶器
残波焼
ざんぱやき

地図 p.91-A
沖縄残波岬ロイヤルホテルから🚗3分

残波岬の灯台が見える地にある窯元。鉄分を多く含んでいるやんばるの土を使い、読谷村の赤土を生かした釉薬で仕上げた残波焼は、温もりの感じられる素朴な仕上がりが特徴だ。手頃な値段の楊枝立200円～やマグカップ1500円などから、何10万もする壺まで扱っている。

☎ 098-958-5255
📍 読谷村字座51
🕘 9:00～18:00
　（5月～9月は19:00まで）
休 不定　🅿 なし

読谷／てんぷら
都屋の港 いゆの店
とやのみなと いゆのみせ

地図 p.91-A
伊良皆交差点から🚗10分

都屋漁港に揚がった旬の魚介を扱う海産物店。新鮮な魚が並ぶ店内の奥には、注文に応じて目の前で揚げてくれる、てんぷらコーナーがあり、モズク、イカ、魚のてんぷら（各1個70～80円）はどれも絶品。沖縄のてんぷらは塩味のぽってりとした衣が特徴で、おやつの定番。テラスには海人食堂（10時～16時）もあり、モズク丼530円などが食べられる。

☎ 098-957-0025
📍 読谷村都屋33
🕘 9:00～18:00（フード10:00～16:00）　休 無休　🅿 30台

おんなりぞーとえりあ　地図　p.147-C

恩納リゾートエリア

エリアの魅力

観光ポイント
★★

リゾート
★★★★★

グルメ
★★★

ショッピング
★★

まわる順のヒント

那覇市内から恩納方面へ向かう場合、那覇空港自動車道→沖縄自動車道経由が渋滞もなく、スムーズ。

問い合わせ

恩納村商工観光課
☎098-966-1280
沖東交通万座営業所
☎098-966-2861
沖縄観光コンベンションビューロー
☎098-859-6123
空港リムジンバス
☎098-869-3301

リゾートホテルが立ち並ぶパラダイスゾーン

　東シナ海に面した本島中央部の西海岸沿いに広がる恩納リゾートエリア。沖縄海岸国定公園に指定されている。エメラルドグリーンの海と真っ白な砂浜が美しい海岸沿いには、大型リゾートホテルやゴルフ場をはじめ、洒落たレストランやショップなどが点在。ホテルの専用ビーチやパブリックビーチでは、いろいろなマリンアクティビティも楽しめる。

恩納リゾートエリアの行き方

那覇空港	那覇空港自動車道、沖縄自動車道、屋嘉ICを利用／レンタカー約50分	恩納エリア（万座ビーチ）
那覇空港	空港リムジンバスB、C、CD、DEエリア行き／高速バス 約1時間45分	1700円
那覇バスターミナル	万座ビーチ前下車／路線バス20・120番 約1時間29分～2時間1分	1390円
那覇空港	高速料金（那覇IC～屋嘉IC）680円を含む／タクシー約1時間	1万280円が目安

恩納リゾートエリア

恩納海岸 まるごとリゾート

沖縄を代表するリゾートホテルが点在する恩納エリア。各ホテルも競いあうようにいろいろなアクティビティメニューを用意している。うまくスケジュールを立てて思いっきりリゾートライフを楽しみたい。

シェラトン沖縄 サンマリノ リゾート P.128
リザンシーパークホテル谷茶ベイ P.129
P.96 陶・酒 仲里
沖縄海岸国定公園
沖縄残波岬ロイヤルホテル P.128
ルネッサンス リゾートオキナワ P.126
ホテルムーンビーチ P.128
ホテル日航アリビラ P.127

見る　遊ぶ

万座毛
まんざもう
地図 p.95
万座ビーチリゾートから🚗5分

断崖の上に天然芝が広がる恩納エリア一の景勝地で、海水や風の侵食で作り上げられた自然の造形美がすばらしい。

恩納海岸　1:104,000　2km
周辺広域地図 P.146-147

恩納海岸まるごとリゾート

琉球村
りゅうきゅうむら

地図p.94
ルネッサンスリゾートから🚗5分

沖縄の各地から古い民家を移築して再現された昔の町並みのなかで、伝統文化を体験できる。水牛を使ってサトウキビを絞る「サーターヤー」やエイサーなどの伝統文化のショ

📞098-966-1280
（恩納村商工観光課）
📍恩納村恩納2871
🅿️50台　見学自由

ーも毎日開催。手作りの琉球菓子が食べられる民家もある。

📞098-965-1234
📍恩納村山田1130
🕘9:00〜18:00
（最終受付17:30）
無休　300台
16歳以上1200円、15歳以下600円

海中展望塔・グラス底ボート
かいちゅうてんぼうとう・ぐらすぞこぼーと

地図p.95
万座ビーチリゾートから🚗20分

部瀬名岬に建つビーチハウ

スから、無料のシャトルバスで行く海中展望塔。美しい名護の海をパノラマビューで満喫したい。くじら型のグラス底ボートではサンゴ礁のすばらしさを実感できる。

📞0980-52-3379
（ブセナ海中公園）
📍名護市喜瀬1744-1
🕘9:00〜18:00（11月〜3月は17:30まで）、最終受付30分前まで　無休
🅿️200台（ブセナテラス）
💴海中展望塔：おとな1050円、高・大学生840円、子ども530円、グラス底ボート：おとな1560円、高・大学生1250円、子ども780円

95

食べる&買う

恩納／海鮮料理
海鮮料理店 島
かいせんりょうてんしま

地図p.94
ホテルムーンビーチから🚗2分

　名護漁港で仕入れた新鮮な魚を、一番美味しく食べられる調理法で出してくれる。なかでも名物のバター焼に、刺身と名産のもずくの酢の物が添えられた島定食1296円~はボリューム満点で大人気。このほかアバサ汁1620円や、カニ汁やイカ汁(ともに1404円)もおすすめ。

- 📞098-965-0987
- 📍恩納村仲泊890-2
- 🕐11:00~20:30
- 休火曜
  (祝日の場合は翌日)
- 🅿️12台
- 💴島定食1296円~

恩納／海鮮料理
海鮮料理浜の家
かいせんりょうりはまのや

地図p.94
ルネッサンスリゾートから🚗2分

　元漁師の店主が仕入れた旬の魚を刺身や汁椀、バター焼き、味噌炒め、揚げ物など、好みの調理法で作ってくれる、地元で人気の海鮮料理専門店。魚のバター焼き2160円~や、ハリセンボンを使ったアバサー汁定食1836円など、どれも美味しい。珍味のワラジエビの活造りも機会があれば、ぜひ試してみたい。

- 📞098-965-0870
- 📍恩納村仲泊2097
- 🕐11:00~23:00 (21:30LO)
- 休無休
- 🅿️20台
- 💴魚のバター焼き2160円~

恩納／ステーキ
ステーキハウスjam
すてーきはうすじゃむ

地図p.94
ホテルサンマリーナから🚗3分

　冷凍肉はいっさい使わないというステーキの味は格別。おすすめはサーロインステーキコース3500円や、アグーとグルクンのコース4000円。このほか、カップルに人気が高い沖縄特選ペアコース(8000円~2万5000円)は、写真サービス付き。

- 📞098-965-2626
- 📍恩納村冨着1518
- 🕐11:30~14:30、
  17:00~24:00 (22:30LO)
- 休火曜と水曜のランチ
- 🅿️50台
- 💴ステーキコース3500円~

恩納／陶器・泡盛
陶・酒 仲里
とうしゅなかざと

地図p.94
万座ビーチリゾートから🚗5分

　若手作家の陶器と泡盛の展示・販売を行なっている。窯出しに立ち合い、窯元から直接買い取ってくるという作品の数々はどれも個性的。泡盛のコーナーでは1000円~2万円の古酒を中心に揃えており、古酒造り用の甕も充実した品揃え。好きな言葉や写真を入れて作るオリジナルラベル(1枚100円~300円)も好評だ。文字だけの簡単なものなら2~3分、写真を持ち込んだ場合は15分くらいでOK。泡盛は通販でも購入でき、オリジナルの豆腐よう1700円もおすすめ。

- 📞098-966-2325
- 📍恩納村恩納6086
- 🕐11:00~19:00
- 休無休 🅿️11台

96

恩納／沖縄そば
なかむらそば

地図 p.95
万座ビーチリゾートから🚗3分

道路を挟んで目の前がすぐ海という絶好のロケーションに立つ沖縄そば屋。大きな窓から青い海を眺めながらそばが食べられる。おすすめはアーサ（海藻）がたっぷりのったアーサそば大 850円。カルシウムやビタミンを豊富に含んだアーサと、カツオがたっぷりと入ったコクのあるスープがマッチしている。

📞 098-966-8005
📍 恩納村瀬良垣 1669-1
🕙 10:30〜最終入店 17:00
🚫 1月1・2日　🅿 50台
💴 アーサそば大 850円

恩納／おみやげ
御菓子御殿恩納店
おかしごてんおんなてん

地図 p.95
万座ビーチリゾートから🚗5分

紅芋をはじめ、黒糖やマンゴー、シークヮーサーなど、沖縄特産物の自然の風味と甘さにこだわった沖縄銘菓がおみやげに大人気。製造工程も見学できる売り場では、試食をしてから購入できるサービスも実施。

📞 098-982-3388
📍 恩納村瀬良垣 100
🕙 8:30〜19:30(8・9月〜20:00)
🚫 無休　🅿 80台

恩納／サーターアンダギー
琉球銘菓三矢本舗
りゅうきゅうめいかみつやほんぽ

地図 p.95
万座ビーチリゾートから🚗4分

サーターアンダギー 90円は紅芋や黒糖など10種類を用意。モッチリとした食感の琉球三矢ボール 100円も美味しい。なかゆくい市場（下記）や道の駅許田(p.105)に姉妹店があるので立ち寄りたい。

📞 098-966-8631
📍 恩納村恩納 2572-2
🕙 9:00〜18:00
🚫 年末年始　🅿 5台

恩納／市場
なかゆくい市場
なかゆくいいちば

地図 p.94
ルネッサンスリゾートから🚗2分

恩納村を中心に、伊江、伊是名、伊平屋村の生産者から届いた新鮮な農産物や特産品などが並ぶ産直センター。

建物の中央には大きなテーブルがあり、近海で取れた魚をその場で調理したてんぷらやバター焼きなどがその場で食べられる。琉球サーターアンダギー専門店の三矢本舗（上記参照）もある。マンゴーやパイナップルの生ジュース、沖縄そば、おっぱアイスクリームなどのテナントも並ぶ。国道58号線沿いなので、ドライブがてら立ち寄りたい。

📞 098-964-1188
📍 恩納村仲泊 1656-9
🕙 10:00〜19:00
🚫 無休　🅿 132台

恩納／ガラス器
てぃだ工房
てぃだこうぼう

地図 p.95
万座ビーチホテルから🚗1分

工房の入口にあるショップでは、ぐいのみ、ロックグラス、一輪挿し、小鉢など、生活の一部を彩るお洒落な琉球ガラスが種類豊富に並ぶ。工房では吹きガラスの制作体験も楽しめる。溶かしたガラスの巻き取りから成形までの全工程をスタッフと行なう、かんたんコース（所要約10分、1836円〜）と、職人のアドバイスをもとにひとりで作品を作るとことんコース（所要約15分、2916円〜）の2コース。

📞 098-966-1040
📍 恩納村瀬良垣 1780-3
🕙 9:00〜18:00
　事前に要問い合わせを
🚫 不定　🅿 10台

恩納リゾートエリア

潮風とととともに海中道路を渡る

島めぐりドライブ

太平洋に突き出た与勝半島から一直線に延びる全長4.7kmの海中道路を渡ると、浜比嘉島、平安座島、宮城島、伊計島をめぐることができる。海の青さを実感しながらのドライブを満喫したい。

海中道路

▲与勝半島と平安座島を結ぶ全長4.7kmの海の上を走る海中道路。途中にある「海の駅あやはし館」（☎098-978-8830）には、レストランやみやげ物店もあり休憩するのにも便利。また、隣接してある海中道路ビーチでは、ウィンドサーフィンをはじめ、夏には海水浴を楽しむファミリーの姿で賑わう。

浜比嘉島

▶海中道路を過ぎ、平安座島で右折して浜比嘉大橋を渡ると、聖地の島としても知られる浜比嘉島がある。琉球開びゃくの伝説で知られるアマミチューの墓（写真右）、シルミチューの洞穴などを訪れる人も多い。島の東側の比嘉集落は道幅が狭いので、運転の際には注意。

宮城島

▲平安座島と伊計島の間にある周囲約12kmほどの島。伊計島へ向かう道の途中で右折すると、「ぬちうなー」(p.85参照)という製塩ファクトリーがあり、ここでは見学もでき、レストランもある。ぬちうなーの近くにある、果報バンタとよばれる断崖（写真上）からの眺めも必見だ。

伊計島

▼透明度抜群の伊計ビーチ（☎098-977-8464 10:00～17:30、天候により変動あり、無休、日帰りおとな400円、子ども300円、キャンプ600円）がある伊計島は、本島から一番離れているため「イチハナリ」とも呼ばれている。伊計ビーチは4月～10月の間、海水浴やマリンアクティビティが楽しめる。バーベキューは通年OK。リゾートホテルもある。

なご もとぶ　　　地図　　p.148-F

名護・本部

エリアの魅力

観光ポイント
★★★★
リゾート
★★★
ネイチャー
★★★
グルメ
★★★
ショッピング
★★

ビーチとパイナップル畑が広がる
南国らしいのどかなエリア

　本島北部、東シナ海に突き出した本部半島は、つけ根にあたる名護から北端の今帰仁（なきじん）まで起伏に富んだ地形にパイナップル畑が続く、南国らしいのどかな風景が広がる。亜熱帯の環境が育んだ自然が満喫できる植物園やパイン園、美しい海が満喫できるビーチや周辺の島々など、1日では回り切れないほど見どころも多い。

まわる順のヒント

　本部半島はクルマで一周するだけなら約1時間。海洋博公園・沖縄美ら海水族館（p.18参照）や今帰仁城跡などの観光スポットに寄ると、半日は経ってしまうが、夏ならできたら古宇利島まで足を延ばそう。静かできれいなビーチがあり、おすすめだ。

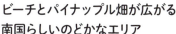

名護・本部への行き方

問い合わせ

名護市商工観光局
☎0980-53-7530
名護市観光協会
☎0980-53-7755
本部町商工観光課
☎0980-47-2700
本部町観光協会
☎0980-47-3641
今帰仁村経済商工観光係
☎0980-56-2256
北部観光タクシー
☎0980-52-1111

名護・本部

見る&遊ぶ

ネオパークオキナワ

地図 p.100-B
名護バスターミナルから🚗10分

約21haの敷地内で120種類の動物、約1200種の植物を見学できるテーマパーク。それぞれの動物は、アマゾンのジャングル、アフリカのサバンナなど生息地の環境が再現された中で飼育されているので、自然のままに近い姿を観察することができる。

- 📞 0980-52-6348　📍 名護市名護4607-41
- 🕐 9:00〜17:30
- 休 無休　🅿 533台
- ¥ おとな660円、中・高校生330円、子ども220円

オリオンハッピーパーク

おりおんはっぴーぱーく

地図 p.100-D
東江4丁目(北)交差点から🚗2分

沖縄でビールといえばオリオンというほどに、国内大手メーカーを抑えて圧倒的なシェアを誇る。その喉ごしが沖縄の風土によく合うといわれるオリオンビールの製造工程が見学でき、ゲストホールではピルスとドラフトビールの試飲もできるというから嬉しい。見学は無料だが予約が必要。

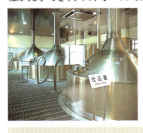

- 📞 0980-54-4103(工場見学予約)
- 📍 名護市東江2-2-1
- 🕐 9:20〜16:40の間に20分おきに23回実施。所要約60分　休 12/31〜1/3　🅿 25台

※沖縄美ら海水族館についてはp.18参照

今帰仁城跡　〈世界遺産〉
なきじんじょうあと

地図 p.100-A
今泊交差点から🚗3分、🚶今帰仁城跡入口から🚶15分

三山時代に北山王によって築城された、大小7つの郭からなる連郭式山城。晴れた日には、与論島まで見渡せる山の斜面に延々と続く城壁は、まるで中国の万里の長城のようだ。桜の名所としても知られ、1月下旬ごろから城跡内の桜が咲き誇る。

- 📞 0980-56-4400　📍 今帰仁村今泊5101
- 🕐 8:00〜18:00
  (5月〜8月〜19:00、最終入城30分前まで)
- 休 無休　🅿 320台
- ¥ おとな400円、小・中・高校生300円(歴史文化センター8:30〜17:00と共通)

DINO恐竜PARK やんばる亜熱帯の森
でぃのきょうりゅうぱーく やんばるあねったいのもり

地図 p.100-B
名護市街から🚗15分

御菓子御殿名護店に併設されたテーマパーク。ヒカゲヘゴの原生林の森が、恐竜王国に。ジャングルのような森の中には、ティラノサウルスなど80体以上の恐竜が待ち構えている。多くの花が咲き誇る一周20〜40分のコースの終わりには、恐竜に乗れるキッズスペースや恐竜ショップもある。

- 📞 0980-54-8515(御菓子御殿名護店)
- 📍 名護市中山1024-1
- 🕐 9:00〜18:00(最終入園17:30)
- 休 無休　🅿 あり　¥ おとな(16歳以上)800円、子ども(4〜15歳)500円

食べる&買う

名護／沖縄そば
新山食堂
しんざんしょくどう

地図 p.100-D
名護消防交差点から🚗2分

カツオと豚骨のコクのあるスープに、厚めで平たい手打ち麺がよくマッチしている沖縄そばの老舗。一番人気の新山ソーキそば700円は、午後2時頃には売り切れてしまうので早めに出かけたい。6時間以上かけて柔らかく煮込んだ、てびちそば700円もぜひ味わってみたい。

- 📞 0980-53-3354
- 📍 名護市大東1-9-2
- 🕐 10:00〜15:00
- 休 不定
- 🅿️ 10台
- 💴 新山ソーキそば700円

名護／沖縄家庭料理
大家
うふやー

地図 p.100-B
ナゴパイナップルパークから🚗5分

ナゴパイナップルパークの近くにある、赤瓦の屋根や黒い梁など、100年以上の歳月を刻む古民家を利用した食事処のおすすめは、沖縄原産の豚、あぐー豚の料理。食事は昼の部と夜の部にわかれ、昼の部では沖縄そばセットかソーキそばセット、いずれもジューシー付きで930円。夜はコース料理のみで、特選アグーのしゃぶしゃぶコース4200円が人気となっている。

- 📞 0980-53-0280
- 📍 名護市中山90
- 🕐 11:00〜17:00(16:30LO)、18:00〜22:00(21:00LO)
- 休 無休
- 🅿️ 80台
- 💴 ソーキそばセット930円

今帰仁／沖縄そば
まんてん

地図 p.100-B
今帰仁村役場前交差点から🚗2分

民宿まるやの1階にあるそば屋。鶏ガラ、豚、カツオなどからとったオリジナルスープ↗

本部／沖縄そば
海庭
うみにわ

地図 p.100-A
沖縄美ら海水族館から🚗3分

厳選した小麦粉によるツルツル、モチモチの自家製生麺と、沖縄県産希少種豚アグーをふんだんに使用したアッサリしながらもコクのあるスープが美味しい。ソーキそば700円や三枚肉そば650円のほか、海ぶどうそば850円、タコス風おそばのタコそば750円などの創作沖縄そばもある。1日限定70食で麺が無くなり次第閉店なので早めに来店を。沖縄風炊き込みご飯のジューシー200円も美味しい。

- 📞 0980-48-4000
- 📍 本部町豊原332-1
- 🕐 11:30〜16:00
- 休 月・火曜
- 🅿️ 14台
- 💴 三枚肉そば600円

と、やや柔らかめの手打ち麺のコンビネーションが絶妙な味わいを見せる。開店以来、地元のグルメの間でも人気は絶大。味の基本は20年以上かけて作りあげた「わが家の年越そば」の味。メニューは、そーきそば600円〜と、三枚肉入りそば600円〜、よもぎそば600円〜などがある。

- ☎ 0980-56-2618
- 📍 今帰仁村仲宗根315
- 🕐 11:30〜15:00
  （麺が終わり次第閉店）
- 休 日・月曜　P 6台
- ¥ 三枚肉入りそば600円〜

本部／海鮮料理
磯味処 海鮮亭
いそあじどころ かいせんてい

地図 p.100-A
本部大橋から🚗3分

オーナー自らが、伊江島で獲ってきた新鮮なグルクンやミーバイなどを食べさせてくれる。海の幸に合う泡盛も数多く揃う。海の幸がたっぷり味わえる定食は20種類あり、なかでもおすすめはグルクンの唐揚定食890円で、もずく、やっこなどが付いて味もボリュームも満点。ほかにも単品のグルクンの唐揚650円や魚のバター焼き定食1570円、刺身定食1490円なども、おすすめのメニューだ。

- ☎ 0980-47-4085
- 📍 本部町大浜878-10
- 🕐 17:00〜22:00 (21:00LO)
  土曜は〜24:00 (22:00LO)
- 休 火曜と第2・4・5水曜　P 10台
- ¥ グルクンの唐揚定食890円

本部／沖縄そば
きしもと食堂
きしもとしょくどう

地図 p.100-A
本部町役場から🚗2分

創業約100年を数える老舗のそば店で、3代目になるおばあさんが毎日手打ちする木灰(もくはい)そばが有名。今ではポピュラーになった木灰手打ち麺は、この店が元祖ともいわれている。メニューは、そばの大700円と小550円というシンプルさだが、ほんのり甘味があり、カツオのダシがきいたスープとコシのある麺は、一度食べたら忘れられなくなりそうで、リピーターも多い。麺がなくなり次第閉店するので早めに出かけたい。

- ☎ 0980-47-2887
- 📍 本部町渡久地5
- 🕐 11:00〜17:30
- 休 水曜（祝日の場合営業）
- P 20台　¥ 木灰そば550円〜

名護／ステーキ
朝日レストラン
あさひれすとらん

地図 p.100-B
ナゴパイナップルパークから🚗5分

厳選したヒレ肉の、スジや脂身をていねいに取り除いて調理した、柔らかでジューシーな味わいの鉄板焼きステーキが大人気。鉄板焼きのヒレステーキは、スープにサラダ、ガーリックトーストまたはライスが付いて150g2480円、200g2980円といううれしい価格。

- ☎ 0980-52-4251
- 📍 名護市為又(びーまた)1219-215
- 🕐 17:00〜22:00 (21:00LO)
- 休 木曜　P 16台
- ¥ ステーキコース2480円〜

本部／ぜんざい
新垣ぜんざい屋
あらがきぜんざいや

地図 p.100-A
本部町役場から🚗2分

「ぜんざい」といっても、金時豆と煮汁の上に山のように氷を盛りつけた、氷ぜんざい300円のこと。沖縄を感じさせる黒蜜のあっさりした甘味は、創業から約50年変わらぬ伝統の味。

- ☎ 0980-47-4731
- 📍 本部町渡久地11-2
- 🕐 12:00〜売り切れ次第閉店
- 休 月曜（祝日の場合は翌日）
- P 5台　¥ ぜんざい300円

本部／カフェ
花人逢
かじんほう

地図 p.100-A
本部町役場から🚗15分

　遠くに伊江島を望む高台に立つ抜群のロケーション。コバルトブルーの海を楽しむなら昼間、美しいサンセットを眺めたいなら夕暮れ時がおすすめ。メニューはピザとサラダ、飲み物だけだが、店内だけでなく、縁側や庭にあるテーブル席でもくつろげる。コーヒー、紅茶は各400円、マンゴジュース400円、ピザは3〜4名分の中2200円、1〜2名分の小1100円。

📞 0980-47-5537
📍 本部町山里1153-2
🕐 11:30〜19:00 (18:30LO)
休 火・水曜
P 30台
¥ ピザ1100円〜

名護／沖縄そば
宮里そば
みやざとそば

地図 p.100-B
名護BTから🚶10分

　地元の人に人気があるオキナワスバの老舗。さっぱりとした食堂の中は、赤と白のチェックのテーブルクロスが異彩ぶり。人気の肉厚の三枚肉そば600円か、ソーキそば600円をお試しあれ。カレーもあり400円、トースト付きのスパゲティーが500円と、いずれも優しい価格。人気のそばは売り切れ続出のため、早めの入店がおすすめ。

📞 0980-54-1444
📍 名護市宮里1-27-2
🕐 10:00〜20:00（売り切れじまい）　休 水曜　P 30台
¥ ソーキそば600円

名護／ガラス器
グラスアート藍
ぐらすあーとあい

地図 p.100-B
ナゴパイナップルパークから🚗2分

　ガラス作家の寿紗代さんのクラフトショップ。オリジナルのサンゴグラスや小花グラスをはじめ、「優しい」をテーマにして集められた、県内の作家の作品も数多く販売している。また各種製作体験も実施している。吹きガラス2376円〜、トンボ玉づくり2052円〜。アクセサリーではフュージングペンダント1944円〜、また、ジェルキャンドル製作1922円〜など、気軽に楽しめる。

📞 0980-53-2110
📍 名護市中山211-1
🕐 9:30〜18:00
　（体験最終受付は16:30）
休 火曜　P 5台

本部／藍染め
藍風
あいかぜ

地図 p.100-A
DINO恐竜PARKから🚗15分

深みのある色合いが特徴の琉球藍の専門店で、店内には喫茶コーナーも併設している。別棟には染織家・城間正直（しろま まさなお）さんの工房「藍風工芸館」もあり、作業の見学や藍染めの体験も可能。体験はハンカチ1000円、バンダナ1500円、ストール3000円、Tシャツ3500円など。

- 📞 0980-47-5583
- 📍 本部町伊豆味3417-6
- 🕙 10:00～17:00（16:00LO）
- 休 月・木曜
- 🅿 10台

名護／おみやげ
道の駅 許田
みちのえき きょだ

地図 p.148-J
許田ICから🚗3分

クルマでの移動に疲れたらぜひ立ち寄りたいのが道の駅。ドライバーが休憩できる仮眠室があり、道路情報・気象情報などをチェックできる道路情報センターと、やんばる物産センターの2つの施設がある。物産センターでは泡盛や乳製品、果物など、やんばるの特産品を販売。黒糖や紅芋など作りたての三矢のサーターアンダギー（1個90円～）は、おやつ代わりに食べるのもいい。

- 📞 0980-54-0880
- 📍 名護市許田17-1
- 🕙 8:30～19:00
- 休 不定
- 🅿 160台

OKINAWAフルーツらんど

マンゴー、パパイヤ、アセロラなど30種類もの熱帯果実が甘い香りと共に出迎えてくれる。園内には、蝶が亜熱帯植物の間を飛び回る昆虫園やフルーツハウス、パイン園、ショップなどがある。

- 地図 p.100-B
- 📞 0980-52-1568
- 📍 名護市為又（びーまた）1220-71
- 🕙 9:00～18:00（最終入園17:30）
- 休 無休
- 🅿 60台 💴 おとな1000円、子ども500円

ナゴパイナップルパーク

沖縄を代表するフルーツ、パイナップルに関するすべてを体験できるパイン王国。園内に入ったらすぐに目に留まる、パイン模様の屋根のパイナップル号に乗り込んでパイン畑の見学に出発。お城のような建物のワイン館では100％県内産パインで造るパイナップルワインの製造工程の見学や、試飲もできる。

- 地図 p.100-B
- 📞 0980-53-3659
- 📍 名護市為又1195
- 🕙 9:00～18:00 休 無休
- 🅿 200台 💴 おとな850円、中学生600円、小学生450円

パイナップル号（最終受付は17時15分）で見学

今帰仁／おみやげ
今帰仁の駅 そーれ
なきじんのえき そーれ

地図p.100-B
今帰仁村役場から🚗1分

創立21年となる女性だけで運営する直売所兼農家レストラン。直売所は今帰仁みやげなら何でも揃う今帰仁村特産品のショップ。野菜、果物、工芸品などを幅広く販売。

おすすめはやんばる産の低温殺菌牛乳・おっぱ牛乳135円〜。自然のままの濃厚な味わいで、店内厨房で揚げたてのサーターアンダギーの材料にも使われている。サーターアンダギーは、紅芋、ゴーヤー、よもぎ、黒糖、ドラゴンフルーツ、ふーちーばーの6種類。7個入り350円。常時店頭に並ぶのは紅芋、黒糖ともう1種類。

全国でも珍しいおばちゃんの農家レストランでは、食アメニティコンテストで農林水産大臣賞に輝いた、日替わりのそーれ定食が人気。地元の新鮮な素材がうれしい一品だ。

📞 0980-56-4940
📍 今帰仁村玉城157（たましろ）
🕘 9:00〜18:00
🚫 月曜
🅿 10台

小さくて静かな離島で日帰りリゾート

屋我地島
やがじしま　地図p.100-B

サトウキビ畑が広がるのどかな風景が続く屋我地島は、名護市の中央部からクルマで約20分。かつては塩田による製塩業が盛んだった島だ。屋我地大橋の近くには、地元のキャンパーで賑わう屋我地ビーチもある。
📞 0980-53-7755（名護市観光協会）

古宇利島
こうりじま　地図p.100-B

琉球の人類発祥伝説が残る神聖な島。古宇利島と屋我地島を結ぶ約2kmの古宇利大橋を利用して、本島からクルマで渡ることができるようになり、小さな島の中にカフェやレストランも増えてきた。のどかな農村風景や高台からの眺望も楽しい、10分ほどの島一周ドライブが人気。
📞 0980-56-2256（今帰仁村経済課商工観光係）

瀬底島
せそこじま　地図p.100-A

本島から瀬底大橋で渡れる周囲8kmの小さな島。白砂が美しい瀬底ビーチではマリンスポーツなども楽しめる。ビーチに沈む夕日も美しい。
📞 0980-47-2700（本部町商工観光課）

水納島
みんなじま　地図p.148-E

渡久地港から高速船で15分の水納島は、周囲約4.5kmの砂浜に囲まれた小さな島。サンゴ礁に囲まれた海は透明度が高く、シュノーケリングには絶好。パラソル、シュノーケルなどのレンタルもある。水納海運（📞 0980-47-5179）の高速船が1日3〜10便往復している。料金は往復1710円。
📞 0980-47-2700（本部町商工観光課）

伊江島
いえじま　地図p.148-E

本部港からフェリーで30分と近く、船で渡る日帰りリゾート地として人気のスポットだ。島の大半は米軍用地だが、頂上からのパノラマビューが圧巻の城山（ぐすくやま）や海岸線に60km続く断崖絶壁・湧出（わじー）など観光名所も多い。伊江村営フェリー（📞 0980-49-2255）が1日4〜10便往復している。往復1370円。📞 0980-49-2906（伊江村商工観光課）

ヤンバルでネイチャーツアー

地図 p.149-K

カヌーで慶佐次川の マングローブを探検

貴重なマングローブで知られる慶佐次川では、カヌーで亜熱帯の自然を体感できるコースが人気だ。

豊かな植生が保護されている慶佐次川のマングローブを、ゆっくりとしたスピードで自然観察しながらカヌーで進む

水面から大自然を満喫できる

　沖縄本島最大の規模を誇る慶佐次川のマングローブ（ヒルギ）。タコ状のアシのような根を持っているヤエヤマヒルギの北限で、国指定の天然記念物になっている。川沿いには、木の遊歩道があり気軽に徒歩での散策もできるが、静かに水をたたえた川をカヌーで探検するのも楽しい。

　カヌーで川面に漕ぎ出すと、目の前にうっそうと生い茂ったマングローブが間近に迫ってきて、陸上とはひと味違った大自然の迫力に圧倒されそう。観察眼の鋭いガイドさんの説明に耳を傾けながら、さらに川の本流から支流に進むと、カワセミなど、多種多様な動植物に出会える。

　人気のコースは、慶佐次川マングローブカヌー（所要時間3時間、おとな6500円、子ども4500円）。マングローブと太平洋でのリバー＆シーカヤック（所要時間5時間、おとな1万円、子ども7000円）。マングローブトレッキング（所要時間1時間、おとな2000円、子ども1500円）など。

●申し込み・問い合わせ
やんばる自然塾
☎0980-43-2571
国頭郡東村字慶佐次82

❗当日の持ち物＆服装
・濡れてもいい服装
・バスタオル1枚、スポーツタオル2枚くらい
・着替え（下着を含めて一式）
・替えの靴、またはスポーツサンダル
・飲み物（500mlペットボトル）
・ウインドブレーカーなどの防寒具（冬場）

107

やんばる（ほんとうほくぶ） 地図 p.149

やんばる（本島北部）

沖縄本島一の秘境エリアで自然とふれあう

　やんばる（山原）は、うっそうとした原生林が丘陵を覆う、沖縄本島のなかで最も手つかずの自然が残されている秘境エリア。ヤンバルクイナや日本最大のカブトムシのヤンバルテナガコガネなど、天然記念物の野鳥や昆虫が今も生息する。近年、この豊かな自然環境を守りながら観光するエコツアーが注目を集めている。

エリアの魅力

観光ポイント
★★
ネイチャー
★★★★★
ショッピング
★

まわる順のヒント

やんばるは西海岸沿いに国道58号線、東側には県道70号線が走る。県道70号線は全線舗装されているが、近くまで山が迫り、ヘアピンカーブも多いので地図上で読む距離よりも時間がかかる。また鳥や小動物が飛び出したりすることもあるので注意しよう。名護から芭蕉布会館や辺戸岬などに立ち寄りながら、のんびりとやんばるを一周するつもりなら半日かかると考えておこう。

問い合わせ

大宜味村観光振興課
☎0980-44-3007
東村企画観光課
☎0980-43-2265
国頭村企画商工観光課
☎0980-41-2622
沖縄県バス協会
☎098-867-2316
北部観光タクシー
☎0980-52-1111

やんばるへの行き方

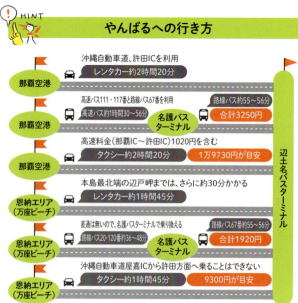

見る&遊ぶ

茅打ちバンタ
かやうちばんた

地図p.149-D／名護バスターミナルから🚗1時間30分、国頭村営バス♀宜名真入口から🚶15分

国頭村宜名真の漁港を見下ろす断崖絶壁。海面から約100mの高さがあり、ここから海に向かって茅を投げても、風に吹き上げられて崖の途中でバラバラになることがこの名の由来だ。崖の上から海を見下ろすとあまりの高さに怖いくらい。「バンタ」とは「崖」という意味。

📞 0980-41-2622（国頭村企画商工観光課）
📍 国頭村宜名真421
🅿️ あり　💴 見学自由

大宜味村立 芭蕉布会館
おおぎみそんりつ ばしょうふかいかん

地図p.149-G／名護バスターミナルから🚗40分、♀第二喜如嘉から🚶5分

沖縄独特の織物・芭蕉布の技術を伝承し、後継者育成のために作られた施設。館内では、国の重要無形文化財にも指定された芭蕉布の織り上げや染色の工程を見学できる。テーブルセンターや財布などを販売。

📞 0980-44-3033　📍 大宜味村喜如嘉454
🕙 10:00～17:30（11月～3月は17:00まで）
🚫 日曜、旧盆、年末年始　🅿️ 5台　💴 無料

辺戸岬
へどみさき

地図p.149-D／名護バスターミナルから🚗1時間40分、国頭村営バス♀辺戸岬から🚶10分

ゴツゴツした隆起サンゴの岩肌に荒波が打ちつける本島最北端の岬。晴れた日には鹿児島県の与論島を望むこともできる。本土復帰前には毎年4月28日に、この岬と与論島とでかがり火をたいて本土復帰を訴えたという歴史があり、岬の先端に本土復帰後、祖国復帰闘争碑が立てられている。

📞 0980-41-2622（国頭村企画商工観光課）
📍 国頭村辺戸973-1
🅿️ 100台　💴 見学自由

比地大滝
ひじおおたき

地図p.149-G
名護バスターミナルから🚗40分

やんばるの森では、世界的にも貴重な固有動植物が数多く発見されている。大自然を満喫させてくれるトレッキングコースも多い。キャンプ場から落差25mの滝までは遊歩道が整備されているが、滝までは約40分のトレッキングになる。

📞 0980-41-3636（比地大滝キャンプ場）
📍 国頭村比地781-1
🕘 9:00～16:00最終受付（11月～3月は最終受付15:00）　🚫 無休（大雨、台風時は休）　🅿️ 140台
💴 おとな500円、子ども300円

やんばる（本島北部）

大石林山
だいせきりんざん

地図 p.149-D
辺戸岬から🚗5分

古くから聖なる地として伝えられてきた安須杜の山々を、気軽に散策することができる観光施設。巨石・石林感動、亜熱帯自然林、美ら海展望台の3コースに加え、奇岩と森を楽々散歩できるバリアフリーコースの、合わせて4つのトレッキングコースを用意。所要時間は約20〜35分ほど。

📞 0980-41-8117　📍 国頭村宜名真1241
🕘 9:30〜17:30（最終受付16:30）
休 無休　P 130台
¥ おとな1200円、子ども550円、シニア900円

食べる&買う

大宜味／おみやげ
道の駅 おおぎみ
みちのえき おおぎみ

地図 p.149-G
名護バスターミナルから🚗30分

店内には大宜味村をはじめ、やんばる地域から集まった野菜や果物などの農産物、地場特産品などが揃っている。夏は完熟したパイナップルやマンゴーがおすすめ。ほかにお茶やお菓子なども販売している。2階の「美ゆうびゅう」では大宜見産のそばがおいしい。

📞 0980-44-3048
📍 大宜味村根路銘1373
🕘 9:00〜18:00
休 無休
P 32台

東／カフェ
ヒロ・コーヒーファーム

地図 p.149-H
東村役場から🚗20分

コーヒー農園直営のカフェで、アラビカ種の豆を無農薬で自家栽培したコーヒーが飲める。苦味の強いストロングとミディアムの2種類があり、ホット、アイスともに500円。ホットはポットサービスで、アイスはコーヒーで作った氷を使用するなど、じっくりと味わえるもてなしがうれしい。写真のコーヒーゼリー400円も美味。

📞 0980-43-2126
📍 東村高江85-25
🕘 12:00〜17:30頃
休 火・水曜ほか不定休　P 6台
コーヒー500円

国頭／おみやげ
道の駅 ゆいゆい国頭
みちのえき ゆいゆいくにがみ

地図 p.149-G
名護バスターミナルから🚗50分

山並をイメージした独特の外観が印象的な道の駅。国頭村の特産品である、おくみどり茶やからぎちゃ、イノブタの加工品、木工芸品などが買える。やんばるの自然展示コーナーやふるさと市もある。

【上】異彩を放つ外観／【下】中には地元の特産品が集まる

📞 0980-41-5555
📍 国頭村奥間1605
🕘 9:00〜18:00
休 無休
P 165台

本島南部

ほんとうなんぶ　地図　p.146-I、J

本島南部

エリアの魅力

観光ポイント
★★★★★

リゾート
★

ショッピング
★

沖縄戦の傷跡を静かに語る
青い海と緑が美しい神話の里

　東シナ海に面した糸満は古くから漁業で栄えてきた活気ある漁師町。一方、太平洋側には、美しい海とサトウキビ畑が広がり、琉球開祖の聖地が点在する知念半島がある。また数多くの戦跡や慰霊碑が残るのは最南端の南部戦跡国定公園。南部をぐるりと巡る国道331号線を利用すればシーサイドドライブを楽しめる。

まわる順のヒント

　那覇BTから糸満BT、おきなわワールド、知念海洋レジャーセンターへは直通の路線バスが走っているが、それ以外は乗り換えが必要なので、このエリアにはレンタカーやタクシー、定期観光バスの利用がおすすめ。また、レンタカーでドライブする際は、海岸線に沿って南部を一周できる国道331号線を利用すると、知念半島あたりで快適なシーサイドドライブが満喫できる。

問い合わせ

豊見城市商工観光課
098-850-5876
南城市観光商工課
098-917-5387
八重瀬町観光振興課
098-998-2344
糸満市商工観光課
098-840-8135
糸満市観光協会
098-840-3100
糸満共同無線配車センター
098-995-0111
南部協同無線タクシー
098-855-9494
沖縄観光コンベンションビューロー
098-859-6123

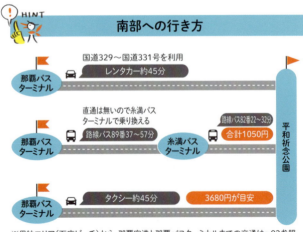

南部への行き方

※恩納エリア(万座ビーチ)から、那覇空港と那覇バスターミナルまでの交通はp.93参照

見る&遊ぶ

旧海軍司令部壕
きゅうかいぐんしれいぶごう

地図p.28-J、p.112-A
那覇空港から🚗15分、宇栄原団地前から🚶5分

　1944（昭和19）年に掘られたかつての海軍の地下壕を保存したもの。沖縄戦の最終局面では、米軍に追い詰められてこの壕内で数多くの兵士が壮絶な最期を遂げた。手榴弾で自決した際の破片のあとが残る幕僚室や司令官室などを、現在も見ることができる。

📞098-850-4055　📍豊見城市豊見城236
🕗8:30～17:30（7月～9月は18:00まで）、最終入場は30分前まで
休無休　🅿100台　💴おとな440円、子ども220円

垣花樋川
かきのはなひーじゃー

地図p.113-H
那覇空港から🚗40分、垣花から🚶10分

　沖縄開びゃく神話の地、旧玉城村には御嶽や城跡、石畳道、樋川などの史跡が今なお数多く残る。なかでも糸数城跡～玉城城跡～ミントングスク～垣花城跡をつなぐ約4kmはグスクロードと呼ばれ、歴史散策コースとして親しまれている。このグスクロード最南端の垣花城跡から300mほど歩くと、名水百選にも選ばれた湧水の垣花樋川がある。今では数少なくなった飲み水としても利用できる泉のひとつで、周辺ではこの水を利用して田芋やクレソンなどが栽培されている。崖の中腹にあるので大海原を一望でき、夏になると涼を求める行楽客や水遊びをする子どもたちで賑わう。駐車場から樋川まで下りていく道は大きな石も多い急坂なので、歩きやすい靴で行こう。

📞098-917-5387（南城市観光商工課）
📍南城市玉城垣花812
🅿3台　💴見学自由

斎場御嶽　〈世界遺産〉
せーふぁうたき

地図p.113-D
那覇空港から🚗50分、斎場御嶽から🚶15分

　琉球開びゃくの始祖・アマミキヨが造った七御嶽のひとつ。琉球王朝時代の国王や聞得大君の聖地巡拝の旅、東御廻り（p.20参照）において最高の霊地。木々が繁る神秘的な参道は、6つのイビ（神域）に続いている。三庫理と呼ばれる拝所の正面には、アマミキヨが国造りを始めたという神の島・久高島もよく見える。聖域なので、石や草木を持ち帰ったり、騒いだりしないこと。

📞098-949-1899（緑の館・セーファ）
📍南城市知念久手堅539
🕗9:00～18:00
　（11～2月は～17:30、入場券販売は45分前まで）
休旧暦5月1日～3日、10月1日～3日
🅿150台　💴おとな300円、子ども150円

本島南部

まさひろ酒造
まさひろしゅぞう

地図p.112-E
那覇空港から🚗15分、♀西崎二丁目から🚶15分

　1884(明治16)年に創業した老舗の酒造メーカー・比嘉酒造では、オートメーション化された泡盛の瓶詰工程の見学ができる。スタッフが説明してくれるので、約20分間の見学が終了するともう泡盛通だ。
　「泡盛まさひろギャラリー」の1階フロアには、泡盛の試飲・販売コーナーもあり、アルコール度数12度〜43度までの泡盛が揃う。古酒も3年〜10年ものと各種あり、試飲してお気に入りの銘柄を探してみたい。2階は泡盛歴史資料ギャラリーになっており、戦前の泡盛ボトル、年代物の蒸留器、500年前の酒がめ、こうじ棚、戦前の泡盛製造の写真などの資料品を展示。

📞098-994-8080(工場見学予約)
📍糸満市西崎町5-8-7
🕘9:30〜17:30(工場見学の予約受付は月〜金曜)
休12/31〜1/3　P20台　¥無料

ひめゆりの塔・ひめゆり平和祈念資料館
ひめゆりのとう・ひめゆりへいわきねんしりょうかん

地図p.112-J
糸満ロータリーから🚗10分、♀ひめゆりの塔前から🚶すぐ

　1945(昭和20)年6月19日、沖縄戦の最後に、悲劇的な最期を迎えた「ひめゆり学徒隊」。従軍看護婦として動員されたのは沖縄師範学校女子部と県立第一高女の生徒・職員だった。ひめゆり学徒隊227名の慰霊塔である「ひめゆりの塔」は、戦争の悲劇を語りつぐ証しであり、そばには少女たちが米軍の攻撃を受けて亡くなった壕も残る。資料館も併設。

📞098-997-2100　📍糸満市伊原671-1
🕘9:00〜17:30(最終入館17:00)
休無休　Pなし(近くのみやげ店のPを利用)
¥おとな310円、高校生210円、小・中学生110円(資料館)

喜屋武岬
きゃんみさき

地図p.112-I
糸満ロータリーから🚗15分

　険しい断崖絶壁とコバルトブルーの海が広がる景勝地。打ち寄せる波が描くグラデーションの美しい海岸だが、沖縄戦では逃げ場を失った人々がこの絶壁から身を投げたという悲劇の岬でもある。東シナ海にせり出すように位置しており、ちょうど太平洋と東シナ海を分けるポイントにもなっている。

📞098-840-8135(糸満市商工観光課)
📍糸満市喜屋武　P10台　見学自由

沖縄県平和祈念資料館
おきなわけんへいわきねんしりょうかん

地図p.112-J
糸満ロータリーから🚗20分、♀平和祈念堂入口から🚶5分

　県内最大の規模を誇る平和資料館。平和祈念公園内にあり、沖縄の赤瓦で屋根をふいた建物。沖縄戦の悲惨な現実を大型スクリーンや当時の街の再現を通して伝えている。住民の証言の展示には、胸を打たれる。

📞098-997-3844　📍糸満市摩文仁614-1
🕘9:00〜17:00(最終入館16:30)
休12/29〜1/3　P352台(公園のPを利用)
¥おとな300円、子ども150円

平和の礎
へいわのいしじ

地図p.112-J
平和祈念資料館から🚶すぐ

　平和祈念公園内にあり、沖縄戦の間に亡くなったすべての人の名を刻んだ刻銘碑が放射状に並んでいる。米兵をはじめ外国人も含め、24万人以上の名が刻まれている。

- 📞 098-997-2765(平和祈念公園管理事務所)
- 📍 糸満市摩文仁
- Ⓟ 352台(公園のⓅを利用)　¥入場自由

沖縄平和祈念堂
おきなわへいわきねんどう

地図p.112-J
平和祈念資料館から🚶3分、🚏平和祈念堂入口から🚶4分

　沖縄戦最後の激戦地・摩文仁の丘にそびえ立つ高さ45mの正七面体の塔は、7つの海と合掌の形を模した平和祈念堂のシンボル。堂内には、沖縄県出身の山田真山氏によって造られた漆製の平和祈念像が鎮座。平和祈念美術館も隣接。

- 📞 098-997-3011　📍糸満市摩文仁448-2
- 🕘 9:00〜17:00
- 休無休　Ⓟ352台(公園のⓅを利用)
- ¥おとな450円、中高校生350円、小学生以下無料

ニライ橋カナイ橋
にらいばしかないばし

地図p.113-H
カフェくるくまから🚗2分

　国道331号線の吉冨交差点と県道86号線を結ぶニライ橋カナイ橋は、まるで海と空に向かって延びているような爽快感が満喫できる、ダイナミックな造形の橋。橋に入る左右には陸上自衛隊の知念分屯地があり、トンネルの上に設けられた展望台からは、橋の全景を一望できるほか、遠くにはコマカ島

(p.121参照)や久高島(p.23、p.121参照)を眺めることができる。南部のドライブにぜひ加えたい、絶好のワイドビュースポットだ。

- 📞 098-917-5387(南城市観光商工課)
- 📍 南城市知念吉富

おきなわワールド(文化王国玉泉洞)
おきなわわーるど(ぶんかおうこくぎょくせんどう)

地図p.113-G
那覇市街から🚗40分、🚏玉泉洞前から🚶すぐ

　1967(昭和42)年に発見された全長5kmの東洋一美しいといわれる鍾乳洞・玉泉洞を中心に、沖縄の歴史、文化、自然をテーマとした11のエリアからなるテーマパーク。鍾乳洞の終点から長いエスカレーターに乗って運ばれるのは、100種類のトロピカルフルーツを植栽している熱帯フルーツ園。

　フルーツ園を抜けると、琉球ガラス工房や陶器工房、さらには、沖縄各地から昔の民家を移築して昔の沖縄の町並みを再現した琉球王国城下町もある。また、紅型や藍染め、紙すき、ウージ染などの伝統工芸の体験教室も豊富。ほかに、健食バイキングちゅら島で新鮮な島野菜や魚を味わったり、南都酒造所直営の地ビール喫茶ででき立てのビールを味わったりと、楽しみは尽きない。

- 📞 098-949-7421　📍南城市玉城前川1336
- 🕘 9:00〜18:00(玉泉洞の最終受付17:00)
- 休無休　Ⓟ400台
- ¥フリーパスおとな1650円、子ども830円

本島南部

知念海洋レジャーセンター
ちねんかいようれじゃーせんたー

地図p.113-D／那覇市街から🚗45分、🚶知念海洋レジャーセンター前から🚌3分

　無人島のコマカ島でのマリンスポーツ、体験ダイビングなど海での遊びならおまかせ。コマカ島までの往復はおとな2500円、子ども1250円、体験ダイビング教室は1万円（前日までの予約が必要）。サンゴや魚たちを観察できるグラスボートも随時運航しており、おとな1400円、子ども700円。

📞 098-948-3355　📍 南城市知念久手堅676
🕘 9:00～17:30（10月～3月は17:00まで、最終受付90分前まで）
休 無休（海が時化た場合は運休）　🅿 150台

北名城ビーチ
きたなしろびーち

地図p.112-I
糸満ロータリーから🚗10分

　名城ビーチの隣に位置し、たまにカメも産卵に訪れる、白砂の美しい静かなビーチ。正面に浮かぶ無人島のエージナ島との間は魚も多く、絶好のシュノーケリングポイント。また干潮時には歩いて渡ることができるのも楽しみのひとつ。

📞 098-840-8135（糸満市商工観光課）
📍 糸満市名城960　🅿 あり　¥ 入場無料

新原ビーチ
みーばるびーち

地図p.113-H
那覇市街から🚗40分

　2kmに渡って白い砂浜が続き、干潮時には沖合いのリーフまで歩いて行かれる遠浅の海。シャワー、ロッカー、レストランは7～9月のみオープン。グラスボート遊覧（おとな1500円、子ども800円）は約20分。待ち時間あり。

📞 098-948-1103（みーばるマリンセンター）
📍 南城市玉城百名1599-6
🕘 8:30～16:30
休 無休
🅿 30台（1日500円）　¥ 入場無料

ブランド品が揃う
沖縄アウトレットモール あしびなー

　ヨーロッパの人気ブランドを中心とした本格的アウトレットモール。1万坪を超える敷地に、日本初登場のショップを含め約100店の国内外の人気ブランド店があり、商品の値段も定価の30～80%オフと格安。沖縄そばや沖縄料理、ステーキ店などの飲食店も備えている。国際通りからもスムーズに流れればクルマで約30分という好アクセス。

地図p.112-E　那覇空港から🚗約15分
📞 0120-15-1427／📞 098-891-6000
📍 豊見城市豊崎1-188
🕘 10:00～20:00（レストランは店により異なる）
休 無休（天候による臨休あり）　🅿 1000台

食べる&買う

八重瀬／沖縄料理
陶冶処 風庵
とうやどころ ふうあん

地図p.112-F
南風原南ICから🚗5分

「器を、食を、空間を、愉しむ」をテーマに、極上のおもてなしと懐石料理が堪能できる。

昼夜ともに完全予約制で、前々日までに予約が必要な昼の「風まかせ」は2〜4名で5500円と7000円の2コース。風庵の御出汁、野菜のお寿司、炙りソーキ、黄金如意麺、甘味、飲物が味わえる。夜の「風まかせ」は1万円。4名限定で3時間の貸し切りなので、赤瓦の古民家で贅沢なひとときをゆっくりと満喫できる。

出される料理のすべてに、大嶺實清氏率いる大嶺工房による美しい器を使用しており、しかも食事に利用した器は購入することができるのもうれしい。繊細な料理と器のコラボを愛でながらいただく

- ☎ 098-996-0020
- 📍 八重瀬町友寄108
- 🕐 12:00または13:00から1時間半、18:00〜21:00
- 休 不定 P 5台
- ¥ 昼の風まかせ5500円と7000円

ため、18歳以下は入店不可となっているのでご注意を。

糸満／沖縄料理
茶処 真壁ちなー
ちゃどころ まかべちなー

地図p.112-J
糸満ロータリーから🚗8分

国の登録有形文化財に指定された明治時代の古い民家を利用した店で、赤瓦屋根や石垣など沖縄の原風景を残すたたずまいが印象的。沖縄そば580円や各種チャンプルーの単品、定食のほか、ラフテーやニガナの白和えなど、自家製ハーブをスパイスに使った10品が並ぶ、写真のちなー御膳1980円がおいしいと人気。

- ☎ 098-997-3207
- 📍 糸満市真壁223
- 🕐 11:00〜16:00
- 休 水曜
- P 10台
- ¥ 沖縄そば580円

玉城／ステーキ
チャーリーレストラン

地図p.113-H
南城市役所から🚗10分

南部では知らない人はいないほど有名なレストラン。米軍のレストランの元コック長だったオーナーの料理はアメリカンテイストたっぷり。おすすめのチャーリーステーキは200gで2354円。フルーティーなリブソースのバーベキュースペアリブ1587円、ハンバーグステーキ1296円なども人気。デザートにはフルーツたっぷりの手作りアップルパイ（ホール1490円）がおすすめ。

- ☎ 098-948-1617
- 📍 南城市玉城親慶原28
- 🕐 9:00〜22:00(21:00LO)
- 休 木曜(祝日の場合は営業)
- P 100台
- ¥ チャーリーステーキ2354円

八重瀬／ヤギ料理

仲地山羊料理店
なかちやぎりょうてん

地図p.112-J
八重瀬町役場から🚗3分

その日にしめた新鮮なヤギ肉を味わえるヤギ料理の専門店。人気メニューの山羊汁は1500円。ちょっと珍しい山羊の刺身1100円は口に含むと柔らかく、意外に臭みもない。

毎週木曜には、ヤギの内臓を血で煮込んだチーイリチーのサービスもやっている。

📞 098-998-2362
📍 八重瀬町仲座132
🕐 12:00〜19:00
休 第2・4月曜
P 2台
¥ 山羊汁1500円

玉城／カフェ

浜辺の茶屋
はまべのちゃや

地図p.113-G
新原ビーチから🚗2分

地元のカップルにも大人気の新原ビーチ沿いに立つ、開放感いっぱいのロッジ風カフェ。潮の満ち引きや空と雲の動きなど、カウンター席に座って、時間と共に変化する光景を眺めながらのんびりしたい。コーヒー540円やカンパーニューサンド594円、クロックムッシュ518円も美味しい。

📞 098-948-2073
📍 南城市玉城字玉城2-1
🕐 10:00〜20:00
（金〜日曜は8:00〜、平日の月曜は14:00〜）
休 無休　P 20台
¥ コーヒー540円

知念／ハーブ料理

カフェくるくま

地図p.113-H
知念海洋レジャーセンターから🚗8分

海を一望できる高台に立つ、アジアン・ハーブレストラン。テラスからの眺めは素晴らしいの一語。ハーブたっぷり生春巻810円やアグーカレー1080円〜をはじめ、新鮮なハーブを使ったオリジナル料理が美味しい。レモングラスティーやうっちん茶（各453円）、くるくまぜんざい（453円）や夢見るカボチャ（561円）などのカフェメニューも充実。

📞 098-949-1189
📍 南城市知念字知念1190
🕐 10:00〜20:00(19:00LO)
（火曜は18:00まで）、10〜3月は〜19:00で18:00LO
休 無休　P 50台
¥ アグーカレー1080円〜

玉城／カフェ
カフェ ロッジ

地図p.113-H
親慶原交差点から🚗4分

ガジュマルの大木に囲まれた外のテラス席や、アージ島をはじめ大海原を一望できる2階のテラス席など、風と樹木のささやきを感じながら、のんびりと過ごしたい人におすすめ。飲み物は、コーヒー500円や苦味がクセになるゴーヤージュース500円（夏期のみ）などがおすすめ。チキンのてりてりチーズ焼1500円や5種類の手作りケーキ（各450円）なども美味しい。

📞 098-948-1800
📍 南城市玉城垣花8-1
🕐 11:30～18:00(17:00LO)
休 火曜
🅿 12台
¥ コーヒー500円

小さな島に渡ってのんびり過ごす

瀬長島
せながじま　地図p.112-A

沖縄本島から橋を渡って、クルマで気軽に行ける小さな島。島からは那覇空港を離着陸する飛行機が目の前に見える。島の西端ではすばらしい夕日が眺められるので、夕方以降は若者たちの格好のデートスポット。休日の海岸には家族連れや、若者であふれている。
📞098-850-5876（豊見城市商工観光課）

久高島
くだかじま　地図p.146-J

安座真港から久高海運（📞098-948-7785）の高速船で20分で渡れる。数々の神話が残されていて「神の島」とも呼ばれている、周囲約8km・人口約200人の島（p.23参照）。12年に一度の午年に、村の女性だけで行なわれる「イザイホー」という祭りは民俗学的にも貴重なものだが、過疎化のため存続が危ぶまれている。レンタサイクルで島内一周すると約1時間。
久高島宿泊交流館📞098-835-8919

コマカ島
こまかじま　地図p.146-J

知念海洋レジャーセンターから高速船で15分の無人島。知念半島の知念と久高島のちょうど中間地点にある、周囲800mの小さな島だが、日帰りツアーで人気。島のほとんどが美しい白砂のビーチで、島にはトイレしかなく食料や飲み物は持参して行くこと。
📞098-948-3355（知念海洋レジャーセンターp.118参照）

奥武島
おうじま　地図p.113-G

沖縄本島とは奥武橋でつながっている沖合い150mにある小さな島。島の周囲は1.6kmなので歩いても1時間くらいで一周できる。島の中心部にある奥武観音堂には、約370年前に島に漂着した唐船の船員を助けたときに贈られた観音様が今も奉られている。所要時間約25分のグラスボート1500円もあり、熱帯魚やサンゴなど海中の世界を堪能したい。
📞098-948-7255（奥武島グラスボート、9時～16時30分）

本島南部

121

玉城／陶器
クラフ陶スタジオ ケイ・ズ
くらふとうすたじお けい・ず

地図p.113-G
新原ビーチから🚗2分

浜辺の茶屋のすぐ近くにあるケイ・ズ。宮城勝一郎氏の陶房を兼ねた店内には、アート感覚あふれる絵柄のマグカッ プ2000円や泡盛カップ1500円、角皿3500円、ソーサー付きコーヒーカップ2500円などの作品が並ぶ。伝統工芸なのに現代感覚がいっぱいの生活雑貨の数々は、おみやげに買って帰りたいものばかりが並んでいる。おきなわワールド(p.117参照)の中に体験ができる陶器工房がある。

📞 098-948-3662
📍 南城市玉城百名1283-1
🕐 10:00〜17:00
休 不定　P 5台

糸満／漆器
琉球漆器糸満店
りゅうきゅうしっきいとまんてん

地図p.112-I
糸満ロータリーから🚗10分

華やかな王朝文化を受け継ぎ、500年の伝統の技を生かし続ける琉球漆器の老舗。伝統工芸でありながら実用的な商品もつぎつぎと生み出している、現在の琉球漆器の製造工程の見学もできる。長年使用しても色がさめず、磨くほどに艶が増す堆錦技法を特徴 とする茶盆やアクセサリーなど、おみやげにおすすめの商品が揃っている。絵付けをする体験コーナー2000円〜もあるのでトライしてみたい。ただし、体験は1週間前までに要予約。

📞 098-997-3775
📍 糸満市伊原155-2
🕐 9:00〜17:30
休 1月1・2日、旧盆最終日
P 30台

糸満／ガラス器
琉球ガラス村
りゅうきゅうがらすむら

地図p.112-I
糸満ロータリーから🚗8分

熟練の職人の手によって生み出された「琉球ガラス」のガラス製品は、ハンドメイドならではのぬくもりにあふれている。ライフスタイルに合わせて選べる、多彩なカラーとフォルムが好評。ガラス製品のほかに、沖縄県内各地から厳選した商品を扱うセレクトショップや、オリジナルの香りを調香できる「フレグラン ス体験」、アクセサリーやジェルグラスの制作など、多彩な手作り体験が用意されていて、旅の思い出づくりやおみやげ選びに最適。

📞 098-997-4784
📍 糸満市福地169
🕐 9:00〜18:00
休 無休
P 100台

宿泊ガイド

🌙 名護／リゾートホテル ⭐

カヌチャベイホテル＆ヴィラズ

地図p.149-K
那覇空港から🚗1時間20分

←ゆとりのデラックスツインルーム
↓バルコニーにはジェットバスもある、カヌチャスイート

ジュゴンの生息も確認されている、美しい本島東海岸に面した大型ホテル。広大な敷地内にはゴルフコース、フロント棟、客室棟、レストラン棟、ガーデンプール、ショッピングアーケードなどが点在していて、南国の街のようだ。ゲストルームは、スタンダードツインでさえバルコニーまであわせて77.76㎡と十分すぎる広さ。ゆったりとした間取りで、フローリングの床は気持ちよく、自分の別荘のような気分でくつろげる。レストランは広東料理やイタリアン、フレンチ、日本料理、バーベキューなど、多彩なジャンルが揃っている。

マリンアクティビティも充実

本島北部・名護市の東海岸に広大な自然をバックに建っている

プールサイドのデッキチェアでのんびりしたい

📞 0980-55-8880　Fax 0980-55-8693
予約専用📞098-869-5500
📍 名護市安部156-2
💴 ①2万1600円〜（朝食付）
　開業1997年／295室
※施設：レストラン（和・中・洋・BBQなど）、プール、エステ、フィットネスクラブ
アクティビティ：マリンスポーツ、パークゴルフ、レンタルカート、カヤック、ウェイクボード、パラセール、セグウェイ、ヨガ、ダイビングなど

①ツインルーム

| 恩納／リゾートホテル |

ANAインターコンチネンタル 万座ビーチリゾート
えーえぬえーいんたーこんちねんたるまんざびーちりぞーと

地図p.95／那覇空港から🚗1時間20分、リムジンバスで1時間20〜37分

　沖縄の大型リゾートホテルの先駆けらしく、洗練されたサービスの質の高さにリピーターが多い。レストランはステーキハウスや中国料理、日本料理などバラエティに富んでいる。遊びのメニューも海中世界を楽しめる海中展望船「サブマリンJrⅡ」やパラセールなど、その種類の多さと内容の充実ぶりには目を見張る。さらにダイビング専用プールまで完備。女性に人気のエステコースや子ども向けメニューの親子体験ダイビングなども人気だ。

オーキッドルームでは琉球舞踊を楽しみながら郷土料理を味わえる

万座ビーチを望むオーシャンビューのツインルーム

半島まるごとの恵まれたロケーションに立っている

沖縄特産の品物が並ぶ朝市

- 📞 098-966-1211　Fax 098-966-2210
- 📍 恩納村瀬良垣2260
- ¥ ⓉⒾ9500円〜（朝食付）
  開業1983年／399室
- ※施設：レストラン（和・洋・中など）、プール、子ども用プール、エステ、大浴場、サウナ、ジャクジー、テニスコート、朝市
  アクティビティ：マリンスポーツ、レンタサイクル、パターゴルフ、万座キッズプレイランド、フィッシング

宿泊ガイド

恩納／リゾートホテル

ルネッサンス リゾート オキナワ

地図p.94
那覇空港から🚗50分、リムジンバスで1時間13〜23分

ロビーに一歩足を踏み入れると11階まで吹き抜けのアトリウムが広がる。マリンスポーツだけでなく自然体験プログラムやドルフィンプログラムなどの多彩なアクティビティで人気が高い。377室あるオーシャンビューの客室はすべてバルコニー付き。屋外＆屋内プールや、海水や海藻を使ったタラソテラピーサロンなど施設も充実。食事は海上バーベキューレストランや専用個室で味わう琉球懐石、沖縄食材の炭火焼きなど、バラエティに富んだ11のレストランやバーが揃う。3連泊以上（一部期間4連泊）のクラブサビーゲストには、滞在中マリンアクティビティメニューやランチ、山田温泉の利用がフリーになるなどのサービスを用意。

タラソテラピーでリフレッシュ

イルカとふれあえるドルフィンプログラム

36㎡とゆとりの広さのスーペリアツイン

東シナ海を望む恩納村の南端にあり、目の前にエメラルドグリーンのプライベートビーチが広がる

セイルフィッシュカフェでは海を眺めながら100種類以上の料理とスイーツが楽しめる

📞 098-965-0707　Fax 098-965-5011
📍 恩納村山田3425-2
💴 1万1500円〜（朝食付）
　開業1988年／377室
※施設：レストラン（和・洋・鉄板焼きなど）、バー、屋外＆屋内プール（子ども用併設）、温泉、ネイルサロン、教会、ショップ、タラソテラピーサロン、フィットネスジム
アクティビティ：マリンスポーツ、ドルフィンプログラム、トレジャーハンティング、自然体験プログラムなど

Ⓣツインルーム

読谷／リゾートホテル

ホテル日航アリビラ
ほてるにっこうありびら

地図p.91-A／那覇空港から🚗約1時間、リムジンバスで1時間23〜33分

琉球王朝時代からの美容アイテム
"クチャ(泥)"トリートメント

　広々としたゲストルームは、43㎡以上あり、バルコニーからは西海岸の海を一望できる。レストランは日本料理・琉球料理、カジュアルビュッフェ、鉄板焼、フレンチ、中国料理など、多彩な料理が揃う。アクティブプログラムも、気軽に楽しめるシュノーケリングから本格的なダイビングなどのマリンメニューはもちろん、沖縄の自然や文化をテーマとした、学んで楽しめるプログラムのエデュテイメントメニューなど種類豊富に用意されている。

中国料理「金紗沙」で人気の飲茶ランチ

明るい日差しがよく似合う
異国情緒漂う建物

広々とした客室やインテリアがリ
ゾート気分を盛りあげる

📞 098-982-9111　Fax 098-958-6620
📍 読谷村儀間600
💰 Ⓣ9000円〜(朝食付)
　　開業1994年／396室
※施設：レストラン(和・洋・中・鉄板焼きなど)、
　プール、リラクゼーションプール、ショップ、
　テニスコート、エステティックサロン
　アクティビティ：マリンスポーツ、
　レンタサイクル、パターゴルフなど

宿泊ガイド

読谷／リゾートホテル
沖縄残波岬ロイヤルホテル
おきなわざんぱみさきろいやるほてる

地図p.91-A／那覇空港から🚗1時間10分、リムジンバスで1時間28〜38分

　沖縄有数の景勝地、残波岬まで徒歩15分のロケーションを誇る、13階建ての本格的ビーチリゾートホテル。全室オーシャンビューで、プールや大浴場、露天岩風呂、テニスコートやフットサルコートにも利用できる全天候型スポーツ施設も備えている。道路をはさんだところにある残波ビーチでは、多彩なマリンアクティビティを満喫。

機能的なツインルーム

すぐ前の美しい残波ビーチでマリンアクティビティが楽しめる

📞 098-958-5000　Fax 098-958-3970
📍 読谷村宇座1575
💰 Ⓣ6000円〜（朝食付）
　　開業1988年／465室
※施設：レストラン、大浴場＆露天風呂、チャペル、テニスコート、マリンアクティビティなど

恩納／リゾートホテル
ホテルムーンビーチ

地図p.94
那覇空港から🚗50分、リムジンバスで1時間5〜15分

　三日月型の天然のビーチを囲むように立つ、最高のロケーションを誇るホテル。客室は落ち着いた雰囲気のツインが中心で、なかでもゆったりとくつろぐことができる和洋室が中心のデラックスツインが人気。和・洋・中・琉球の多彩な料理がビュッフェスタイルで楽しめるオールダイニングもある。もちろん、マリンメニューも豊富に揃う。

落ち着いた雰囲気のツインルーム

南国ムードあふれるホテル

📞 098-965-1020　Fax 098-965-0555
📍 恩納村前兼久1203
💰 Ⓣ9000円〜（朝食付）
　　開業1975年／280室
※施設：レストラン、ラウンジバー、カフェテラス、大浴場、スポーツジム、マリンアクティビティなど

恩納／リゾートホテル

シェラトン沖縄 サンマリノ リゾート

地図p.94／那覇空港から🚗1時間、リムジンバスで1時間13〜14分

　全客室からバルコニー越しに美しい東シナ海を一望できるリゾートホテル。目の前のラグーンでは、シュノーケリングやウエイクボードなど、年間を通して多彩なマリンアクティビティを楽しめる。さらに屋外プール、テニスコート、パットパットゴルフ、リラクゼーションスパなど、リゾートを満喫できるアクティブメニューが豊富。ビュッフェやBBQの食事も好評。

美しいラグーンに囲まれたビーチが目の前にある

📞 098-965-2222　Fax 098-965-5480
📍 恩納村富着66-1
💰 Ⓣ8900円〜（朝食付）
　　開業1987年／200室
※施設：レストラン、サンセットBBQ、ティーラウンジ、リラクゼーションスパ、プール、テニスコート、パットパットゴルフ、マリンアクティビティなど

Ⓣツインルーム

恩納／リゾートホテル
リザンシーパークホテル谷茶ベイ
りざんしーぱーくほてるたんちゃべい

地図p.94／那覇空港から🚗1時間10分、リムジンバスで1時間17〜18分

天然のビーチは目の前。マリンアクティビティも充実

ヨーロピアンスタイルの優雅なインテリアで統一された、826室のリゾートホテル。白砂が続く800mの天然ビーチでマリンスポーツを満喫。朝食は海を眺めながらのバイキング、夕食は和食・琉球、洋食、飲茶・広東料理、BBQ、炭火焼肉のディナーバイキングのほか、三線ライブを堪能できる居酒屋など、食事処が充実しているのも魅力。

📞 098-964-6611　Fax 098-964-6660
📍 恩納村谷茶1496
💴 ⓉⅠ3888円〜(朝食付)
　開業1993年／826室
※施設：レストラン、サウナ付展望風呂、パターゴルフ、チャペル、プール、マリンアクティビティなど

恩納／リゾートホテル
沖縄かりゆしビーチリゾート・オーシャンスパ
おきなわかりゆしびーちりぞーと・おーしゃんすぱ

地図p.95／那覇空港から🚗1時間10分、リムジンバスで1時間39〜56分

リゾートを満喫できるガーデンプールのある建物

8万坪の広大な敷地を持ち、マリンスポーツだけでなく、多彩なフィールドスポーツを満喫できる。人口芝のグランドを有するスポーツパークでは、サッカー、テニス、グランドゴルフ、パターゴルフなどが楽しめる。海を一望できる大浴場や露天風呂、サウナなどのスパ施設も充実している。

📞 098-967-8731　Fax 098-967-8730
📍 恩納村名嘉真ヤーシ原2591-1
💴 ⓉⅠ6500円〜(朝食付)
　開業1987年／516室
※施設：レストラン、バー&ラウンジ、大浴場、展望風呂、カラオケボックス、マリンアクティビティなど

うるま／リゾートホテル
ココ ガーデンリゾート オキナワ

地図p.147-C
那覇空港から🚗50分

オリジナル家具で統一したシックなガーデンデラックスルーム
おとなのリゾートを楽しめる

亜熱帯の緑と色とりどりに咲き誇る花々に囲まれた、2万3000㎡の敷地に建つプライベートリゾート。すべてバルコニー付きの客室では、7種類から選べるアロマやフットバスの無料レンタルが楽しめる。ハイビスカスやウコンなど沖縄の天然素材を使い、ハンドマッサージを主体としたトリートメントが好評のココスパはカップルでも利用可能。ライブラリーや手作り工房もある。

📞 098-965-1000　Fax 098-965-2262
📍 うるま市石川伊波501
💴 ⓉⅠ1万500円〜(朝食付)
　開業1989年／96室
※施設：レストラン、バー、ココスパ、テニスコート、ガーデンプール、カラオケルームなど

国頭村／リゾートホテル

オクマプライベート
ビーチ＆リゾート

地図p.149-G／那覇空港から沖縄自動車道、名護東道路利用で1時間40分

本島北部の西岸にあるオクマビーチに面する10万㎡もの広大な敷地にコテージが点在。コテージは平屋から3階建ての建物が26棟。マリンスポーツも充実している。2006年にリニューアル。

☎ 0980-41-2222
📍 国頭村奥間913
¥ 7500円～（朝食付）
1978年開業／180室

名護市／リゾートホテル

オキナワマリオット
リゾート＆スパ

地図p.95
那覇空港から🚗1時間10分

東シナ海を一望できるリゾートホテル。ロイヤルスイートからスーペリアツインまで、ゲストルームはすべてオーシャンビュー。沖縄料理や西洋料理、バーベキューなどのレストランも揃う。

☎ 0980-51-1000
📍 名護市喜瀬1490-1
¥ Ⓣ8600円～（朝食付）
2005年開業／361室

恩納村／リゾートホテル

ホテルみゆきビーチ

地図p.95
那覇空港から🚗1時間

西海岸の国道58号線沿いに立ち、すぐ目の前にはみゆきビーチ、国道を挟んで反対側には美らオーチャードゴルフ倶楽部がある。マリンアクティビティを楽しむにも最適なロケーション。展望大浴場もある。

☎ 098-967-8017
📍 恩納村安富祖1583-2
¥ Ⓣ5000円～（朝食付）
1974年開業／98室

読谷／リゾートホテル

ホテルむら咲むら
ほてるむらさきむら

地図p.91-A
那覇空港から🚗1時間30分

NHK大河ドラマのオープンセット跡に建てられた、琉球赤瓦屋根の落ち着いた雰囲気のホテル。体験テーマパークむら咲むらが隣接しており。敷地内に準天然温泉施設もある。1室4～6名で家族やグループに最適。

☎ 098-958-7871
📍 読谷村高志保1020-1
¥ 6480円～（朝食付）
2010年開業／39室

Ⓢシングルルーム、Ⓣツインルーム

宜野湾市／リゾートホテル

ラグナガーデンホテル

地図p.146-F
那覇空港から🚗30分

宜野湾海浜公園内にある13階建てのホテル。沖縄コンベンションセンターやマリーナ、ビーチ、野外特設会場に隣接しており、遊びのメニューには事欠かない。館内にはエステやレストランなどがある。

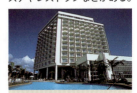

☎ 098-897-2121
📍 宜野湾市真志喜4-1-1
¥ Ⓣ6650円～（朝食付）
1992年開業／303室

糸満／リゾートホテル

サザンビーチホテル＆
リゾート沖縄

地図p.112-E
那覇空港から🚗20分

「美々ビーチいとまん」まで徒歩1分。美しい海と夕日、夜景を眺めることができる大型リゾートホテル。花と緑に囲まれた屋外プールや、オーシャンビューレストランなど、上質で素敵な休日を満喫。

☎ 098-992-7500
📍 糸満市西崎町1-6-1
¥ Ⓣ5200円～（朝食付）
2009年開業／385室

那覇市首里／シティホテル
ダブルツリーby ヒルトン那覇首里城
だぶるつりーばいひるとんなはしゅりじょう

地図p.66-B
那覇空港から🚗30分

古都・首里にある20階建てのデラックスホテル。ゆとりのゲストルームは設備も整い快適。西洋料理や日本料理、中国料理などレストランも充実。ホテルから徒歩15分で首里城公園と首里の散策に最適。

📞 098-886-5454
📍 首里山川町1-132-1
¥ Ⓣ9825円〜（朝食付、税サ別）
2016年開業／333室

那覇市西／シティホテル
ロワジールホテル 那覇
ろわじーるほてるなは

地図p.30-E
那覇空港から🚗7分

那覇港にある12階建ての大型ホテル。天然温泉を利用したクアプール、エステ、ネイルサロンなどが揃う。豪華ビュッフェをはじめ、和食、沖縄、中国、シャンパンバーなどのレストラン＆バーも充実。

📞 098-868-2222　📍 西3-2-1
¥ Ⓣ本館6750円〜、別館5850円〜（各朝食付）
1993年開業／640室

那覇市泉崎／シティホテル
ANAクラウンプラザホテル 沖縄ハーバービュー
えーえぬえーくらうんぷらざほてるおきなわはーばーびゅう

地図p.32-J
ゆいレール壺川駅から🚶10分

那覇バスターミナルに近い10階建てのホテル。沖縄を訪れる内外要人の迎賓ホテルとしての気品と風格が漂う。バーラウンジ「スターライト」は東シナ海や那覇市街を一望できるすばらしい眺望。

📞 098-853-2111
📍 泉崎2-46
¥ Ⓣ6500円〜
1975年開業／351室

那覇市松尾／ビジネスホテル
ホテル国際プラザ
ほてるこくさいぷらざ

地図p.33-H
ゆいレール県庁前駅から🚶6分

国際通りの真ん中に建っている抜群の立地のビジネスホテル。ショッピングや食事処、ナイトスポットもすべて徒歩圏内。9階建てで、客室はシングルとツインルーム中心。駐車場は1泊900円。

📞 098-862-4243
📍 松尾1-4-10
¥ Ⓢ6000円〜、Ⓣ5800円〜
1987年開業／83室

那覇市牧志／シティホテル
ホテルJALシティ那覇
ほてるじゃるしていなは

地図p.33-H
ゆいレール美栄橋駅から🚶8分

国際通りの中心にあり、観光の拠点に便利な立地。14階建てのホテルの客室はナチュラルテイストに仕上げられたスタンダードフロアと、12〜14階の高級感あふれるエグゼクティブフロアで構成されている。

📞 098-866-2580
📍 牧志1-3-70
¥ Ⓢ1万2600円〜、Ⓣ7700円〜
2006年開業／302室

那覇市奥武山／ユースホテル
沖縄国際ユースホステル
おきなわこくさいゆーすほすてる

地図p.30-J
ゆいレール壺川駅から🚶5分

鉄筋4階建てで、奥武山公園に隣接するユースホステル。サウナ、売店、カードキーシステムのウォークインタイプの新しいユースホステル。ドミトリー中心だが、バス・トイレ付の部屋もある。

📞 098-857-0073
📍 奥武山町51　¥ ドミトリー4104円、ゲストルーム4860円〜
1995年開業／40室

宿泊ガイド

那覇市のシティ＆ビジネスホテル／牧志

沖縄第一ホテル
☎098-867-3116／地図:p.33-H／Ⓢ6480円〜／Ⓣ8640円〜
●那覇空港から🚗10分。50品目の素材でつくった薬膳朝食で有名。牧志1-1-12。

WBFアートステイ那覇
☎098-861-7070／地図:p.34-E／Ⓦ8265円〜／Ⓣ1万70円〜
●那覇空港から🚗20分。国際通りまでは歩いてすぐ。牧志1-3-43。

ホテルパームロイヤルNAHA
☎098-865-5551／地図:p.34-F／Ⓦ6100円〜／Ⓣ4800円〜
●那覇空港から🚗15分。アジアンテイストのシティホテル。牧志3-9-10。

南西観光ホテル
☎098-862-7144／地図:p.35-G／Ⓢ5480円〜／Ⓣ4280円〜（朝食付）
●那覇空港から🚗15分。アクセス抜群の白亜のホテル。牧志3-13-23。

コミュニティ＆スパ那覇セントラルホテル
☎098-862-6070／地図:p.34-B／Ⓣ5616円〜（朝食付）●那覇空港から🚗15分。13種類の湯とサウナ。天然温泉のシティホテル。牧志2-16-36。

ホテル山市
☎098-866-5421／地図:p.34-A／Ⓢ4300円／Ⓣ3700円〜（朝食付）
●那覇空港から🚗20分。国際通り沿い。便利な24時間対応。牧志2-16-13。

ホテル山の内
☎098-862-5301／地図:p.34-E／Ⓢ5076円〜／Ⓣ4536円〜
●那覇空港から🚗18分。公設市場にもっとも近いホテル。牧志1-3-55。

東横イン那覇国際通り美栄橋駅
☎098-867-1045／地図:p.33-D／Ⓢ6000円〜／Ⓣ4500円〜
●那覇空港から🚗15分。駅も港も近い。インターネット無料。牧志1-20-1。

ホテルシーサー・イン那覇
☎098-861-4311／地図:p.34-E／Ⓢ4980円〜／Ⓣ3950円〜
●那覇空港から🚗15分。中庭を望む静かな部屋も人気。牧志1-3-59。

安里

ホテルロイヤルオリオン
☎098-866-5533／地図:p.35-G／Ⓢ6900円〜／Ⓣ7000円〜
●那覇空港から🚗15分。旅の拠点に便利なシティホテル。安里1-2-21。

沖縄サンプラザホテル
☎098-866-0920／地図:p.35-C／Ⓣ4500円〜（朝食付）
●那覇空港から🚗20分。洋室・和室・和洋室に、大浴場も完備。安里138。

大道

沖縄ホテル
☎098-884-3191／地図:p.31-H／Ⓣ7246円〜（朝食付）
●那覇空港から🚗20分。数多くの芸術家や著名人が愛した老舗。大道35。

松尾

ホテル ロコア ナハ
☎098-868-6578／地図:p.33-G／Ⓣ6400円〜（朝食付）
●那覇空港から🚗15分。入口は国際通りのパレットくもじ側。松尾1-1-2。

ホテルチュラ琉球
☎098-862-6121／地図:p.33-K／Ⓢ8100円〜／Ⓣ7020円〜（朝食付）
●那覇空港から🚗10分。大浴場やサウナ、宴会場も完備。松尾1-18-24。

ホテルニューおきなわ
☎098-867-7200／地図:p.33-H／Ⓢ5500円〜／Ⓣ3700円〜
●那覇空港から🚗15分。女性専用コインランドリーも完備。松尾1-4-5。

久茂地

ホテルサン沖縄
☎098-866-1111／地図:p.32-F／Ⓢ7400円〜／Ⓣ5400円〜
●那覇空港から🚗10分。岩盤浴完備のシティホテル。久茂地1-5-15。

ホテルまるき
☎098-862-6135／地図:p.33-G／Ⓢ5400円〜／Ⓣ3850円〜（朝食付）
●那覇空港から🚗15分。ゆいレール県庁前駅から徒歩30秒。久茂地3-20-5。

ホテルサンパレス球陽館
☎098-863-4181／地図:p.33-G／Ⓢ5400円〜／Ⓣ6325円〜
●那覇空港から🚗15分。予算や目的で選べる客室が7種類。久茂地2-5-1。

泉崎

ホテルルートイン那覇旭橋駅東
☎098-860-8311／地図:p.32-J／Ⓢ5500円〜／Ⓣ5900円〜
●那覇空港から🚗10分。活性石人工温泉の展望大浴場完備。泉崎1-19-12。

オキナワ エグゼス ナハ
☎098-866-0786／地図:p.32-F／Ⓣ4万7000円〜（朝食付）
●那覇空港から🚗10分。すべてが高評価のシティホテル。泉崎1-11-5。

久米

東横イン那覇旭橋駅前
☎098-951-1045／地図:p.32-F／Ⓢ5700円〜／Ⓣ7800円〜
●那覇空港から🚗10分。駅も波の上ビーチも徒歩圏内。久米2-1-20。

スマイルホテル那覇シティリゾート
☎098-869-2511／地図:p.32-A／Ⓣ4880円〜／Ⓦ6600円〜（朝食付）
●那覇空港から🚗10分。豪華な朝食のシティホテル。久米2-32-1。

Ⓢシングルルーム、Ⓣツインルーム、Ⓦダブルルーム、Ⓢⓦセミダブルルーム

久米	西鉄リゾートイン那覇	☎098-869-5454／♥地図:p.32-B／¥Ⓢ7100円〜／Ⓣ5300円〜 ●那覇空港から🚗10分。シモンズのベッド完備のホテル。久米2-3-13。
東町	ダブルツリーbyヒルトン那覇	☎098-862-0123／♥地図:p.32-E／¥Ⓣ8325円〜（朝食付、税別） ●那覇空港から🚗10分。ゆいレール旭橋駅西口向かい側。東町3-15。
	琉球サンロイヤルホテル	☎098-862-3811／♥地図:p.32-E／¥Ⓢ5940円〜／Ⓣ5400円〜 ●那覇空港から🚗7分。ワンランク上のシティホテル。東町6-20。
	GRGホテル那覇東町	☎098-862-7200／♥地図:p.32-E／¥Ⓢ6200円〜／Ⓣ6000円〜●那覇空港から🚗7分。落ち着きのある客室と充実の設備。朝食無料。東町6-16。
松山	ホテルブライオン那覇	☎098-868-1600／♥地図:p.30-B／¥Ⓢ5500円〜 ●那覇空港から🚗10分。高速インターネット無料。松山2-15-13。
	GRGホテル那覇	☎098-868-6100／♥地図:p.30-F／¥Ⓢ5500円〜／Ⓣ5500円（朝食付） ●那覇空港から🚗10分。朝食バイキングが人気。松山2-16-10。
	ホテルタイラ	☎098-868-4515／♥地図:p.33-C／¥Ⓢ5880円〜／Ⓣ3900円〜（朝食付） ●那覇空港から🚗15分。朝食が自慢の老舗ホテル。松山1-14-13。
	エスティネートホテル	☎098-943-4900／♥地図:p.30-B／¥Ⓦ6675円〜／Ⓦ4960円〜 ●那覇空港から🚗15分。新しくオープンしたシティホテル。松山2-3-11。
	ロコイン松山	☎098-869-6565／♥地図:p.33-C／¥Ⓢ4900円〜 ●那覇空港から🚗8分。国際通りにも近い家庭的な宿。松山1-14-5。
辻	ホテルトランスオーシャン	☎098-866-8109／♥地図:p.30-E／¥Ⓢ2700円、Ⓣ1620円〜 ●那覇空港から🚗10分。低料金のアットホームな宿。辻2-7-8。
	那覇ビーチサイドホテル	☎098-862-2300／♥地図:p.30-A／¥Ⓢ6500円〜／Ⓦ7500円〜 ●那覇空港から🚗10分。オーシャンビューの部屋が人気。辻3-2-36。
西	パシフィックホテル沖縄	☎098-868-5162／♥地図:p.30-E／¥Ⓣ7500円〜 ●那覇空港から🚗8分。波の上ビーチに近いシティホテル。西3-6-1。
	ルートイングランティア那覇	☎098-860-0771／♥地図:p.30-E／¥Ⓢ5600円〜／Ⓣ5500円〜 ●那覇空港から🚗10分。焼きたてのパンが朝食に並ぶ。西2-25-12。
	ホテルナハ港	☎098-868-2673／♥地図:p.30-E／¥1名時4860円〜、2名時4320円（朝食付） ●那覇空港から🚗7分。那覇港に近く離島割引もある宿。西1-22-1。
	ホテルマリンウエスト那覇	☎098-863-0055／♥地図:p.32-E／¥Ⓢ5040円〜（朝食付） ●那覇空港から🚗8分。ダイバー用の施設が充実。西1-8-15。
前島	沖縄かりゆしアーバンリゾート・ナハ	☎098-860-2111／♥地図:p.31-C／¥Ⓣ1万500円〜（朝食付） ●那覇空港から🚗10分。泊港に面するシティホテル。前島3-25-1。
	ホテルリゾネックス那覇	☎098-862-7733／♥地図:p.30-B／¥Ⓣ4060円〜 ●那覇空港から🚗15分。格調とやすらぎのシティホテル。前島3-11-1。
	沖縄オリエンタルホテル	☎098-868-0883／♥地図:p.30-B／¥Ⓢ3900円〜／Ⓣ3250円〜 ●那覇空港から🚗15分。離島旅行やダイビングに便利。前島3-13-16。
松川	ビジネスホテルうえず荘	☎098-887-0323／♥地図:p.66-F／¥素泊まり3700円 ●那覇空港から🚗30分。全室和室の老舗格安ホテル。松川3-17-17。
	ノボテル沖縄那覇	☎098-887-1111／♥地図:p.66-A／¥Ⓣ5255円〜 ●那覇空港から🚗30分。首里の丘に建つシティホテル。松川40。
那覇市以外のホテル	本部町／ホテルモトブリゾート	☎0980-47-2321／♥地図:p.100-A／¥Ⓣ8100円〜（2食付）●那覇空港から🚗1時間30分。目の前がビーチのリゾートホテル。渡久地861-1。
	本部町／センチュリオンホテルリゾート ヴィンテージ沖縄美ら海	☎0980-48-3631／♥地図:p.100-A／¥Ⓣ5270円〜（朝食付） ●那覇空港から🚗1時間50分。美ら海水族館近くのリゾートホテル。石川938。

宿泊ガイド

133

分類	名称	連絡先・情報
那覇市以外のビジネス&リゾートホテル	名護市／ホテル ルートイン名護	☎0980-54-8511／♀地図:p.100-D／¥⑤6000円〜、Ⓣ5250円〜 ●那覇空港から🚗1時間40分。国道58号沿い。展望大浴場あり。東江5-11-3。
	名護市／ホテル リゾネックス名護	☎0980-53-8021／♀地図:p.100-A／¥⑤6700円〜(朝食付) ●那覇空港から🚗1時間30分。スポーツクラブも完備。山入端247-1。
	北谷町／ ザ・ビーチタワー沖縄	☎098-921-7711／♀地図:p.79-A／¥Ⓣ6580円〜(朝食付) ●那覇空港から🚗40分。街も海も一望のタワーホテル。美浜8-6。
	沖縄市／ デイゴホテル	☎098-937-1212／♀地図:p.83-A／¥⑤5800円〜、Ⓣ5050円〜 ●那覇空港から🚗50分。最上階に大浴場を完備。中央3-4-2。
	沖縄市／サンライズ 観光ホテル	☎098-933-0171／♀地図:p.83-B／¥⑤5600円〜、Ⓣ4900円〜 ●那覇空港から🚗50分。コザの中心に立つ機能的ホテル。胡屋2-1-46。
	豊見城市／琉球温泉 瀬長島ホテル	☎098-851-7077／♀地図:p.112-A／¥1万2700円〜(朝食付) ●那覇空港から🚗10分。海も空港も一望のリゾートホテル。瀬長174-5。
	南城市／ ユインチホテル南城	☎098-947-0111／♀地図:p.113-G／¥和室5745円〜(朝食付) ●那覇空港から🚗40分。中城湾を一望のリゾートホテル。佐敷新里1688
民宿&ペンション	国頭村／ ペンション与那覇岳	☎0980-41-2646／♀地図:p.149-G／¥1泊1室(5名まで)1万5000円 ●那覇空港から🚗3時間。3棟で定員20名のペンション。奥間2040-101
	本部町／ ペンションビセザキ	☎0980-48-3429／♀地図:p.100-A／¥1万1000円〜(2食付) ●那覇空港から🚗2時間。新鮮な握り寿司や沖縄料理が評判備瀬1024。
	恩納村／ ペンション美留	☎098-965-3344／♀地図:p.91-A／¥朝食付7700円〜 ●那覇空港から🚗1時間10分。景勝地真栄田岬に近い。真栄田1904-1。
	恩納村／ペンション&カフェ ウィークエンド	☎098-967-8959／♀地図:p.95／¥朝食付5550円〜 ●那覇空港から🚗1時間。ビーチまで徒歩5分。名嘉真2288-315。
	那覇市／沖縄家庭 料理の宿なかはら	☎098-887-7073／♀地図:p.66-B／¥1泊2食付6800円〜 ●那覇空港から🚗30分。料理と眺望、首里散策の宿。首里山川町1-69-3。
	那覇市／ビジネス ホテル三和荘	☎098-867-8689・9989／♀地図:p.34-J／¥素泊まり3500円〜 ●那覇空港から🚗15分。国際通りや壺屋通り散策に最適。壺屋1-7-9。
	那覇市／ 民宿コバルト荘	☎098-863-9216／♀地図:p.33-K／¥3000円(2名利用)、3500円〜(1名利用) ●那覇空港から🚗15分。静かな環境の老舗の民宿。松尾1-17-17。
	南城市／ビーチサイド ペンションみーばる	☎098-948-1968／♀地図:p.113-H／¥3240円〜(1室2名利用時、素泊まり) ●那覇空港から🚗50分。新原ビーチに近い。玉城百名1346。
ドミトリー	那覇市／ ドミトリー沖縄	☎090-9780-1935／♀地図:p.34-J／¥ドミトリー1000円、個室2000円〜 ●牧志駅から🚶12分。国際通りや牧志公設市場に近い。壺屋1-1-10-2F。
	那覇市／ 沖縄ゲストハウスリトルアジア	☎098-862-3446／♀地図:p.34-J／¥ドミトリー1200円、個室2500円〜 ●牧志駅から🚶12分。クーラー、洗濯機、自転車1時間無料。壺屋1-7-1。
	那覇市／moonlight 月光荘	☎098-862-5328／♀地図:p.34-J／¥ドミトリー1800円、1週間1万800円〜 ●美栄橋駅から🚶3分。シャワー300円、クーラー無料。自炊可。牧志1-4-32。
	那覇市／空ハウス	☎098-861-9939／♀地図:p.33-D／¥ドミトリー1800円〜、個室2500円〜 ●美栄橋駅から🚶1分。洗濯機、屋上テラスあり。自炊可。久茂地2-24-15。

⑤シングルルーム、Ⓣツインルーム

旅のプランニング

てくてく歩きで行く旅

旅の準備のアドバイス

フリープラン型ツアーか、個別予約の手配かを検討する

　旅行会社などで扱われているフリープラン型ツアー（往復の航空券などと宿泊施設のみがセットの旅行商品）は、飛行機と宿泊先を個別に予約するのに比べて割安となっている。インターネット上からも手軽に予約でき、乗船券や宿泊料金についても通常の料金より安く設定されていることが多いので、予約方法としてはフリープラン型ツアーも活用したい。

　一方で、夏季などの繁忙期の場合はツアーの価格が上がるため、個別に手配する方が割安になることもある。繁忙期に旅行する場合や、直前になって旅行を決めたりするようなときは、個別予約の手配で上手に旅することも検討しよう。次のページからは、そんな旅の準備のノウハウを紹介。

フリープラン型ツアーは旅行会社のサイトやパンフレットを参考に！

旅行会社のフリープランを利用
　　➡p.137へ

●「フリープラン」とは…
・宿泊代＋飛行機代がセット
・現地では自由行動
・自分で個別手配するよりも手間がかからず、安い場合が多い
・オプションのレンタカーなどが安く手配できる

▼

まずは、そんなフリープランを
・旅行会社の窓口で探す
・各種パンフレットなどから探す
・旅行会社のホームページで探す

宿と乗船券・航空券を個別に手配する
　　➡p.138へ

●宿の予約は…
・インターネットの宿泊予約サイト
・宿のホームページから
・旅行会社の宿泊プラン
　　（p.140参照）

●乗船券・切符の手配は
・船会社の割引チケットをチェック
・各種割引航空券を利用する

POINT
フリープラン型ツアーを利用

フリープランは、自分で個別に予約するよりかなり割安。しかし、季節や出発日、利用する便によって、料金が大きく変わってくる。基本料金にまどわされず、自分のスタイルに合った旅を組み立てよう。取消の場合、キャンセル料がかかるのも頭に入れておこう。

■ 同じ便の飛行機、同じホテルでもこんなに違う

2泊3日・東京発・2名利用の1名料金の比較

> エースJTB個人型リゾートステイプラン
> 宿　泊　ホテル日航アリビラ2泊（スーペリアツイン・朝食付）　出発日）2019年5月7日（火）
> 利用便　往路JAL913便（11:30発）、復路JAL910便（14:25発）

手配の手段	値段	交通／備考
航空券とホテルを個別に自分で予約した場合	106,400円	飛行機は往復割引で予約。ホテルはネットで予約をした料金の、1泊朝食付12,000円
早めに航空券とホテルを個別に予約した場合	43,000円	飛行機はウルトラ先得。ホテルは75日前予約の1泊朝食付。ともにネットで予約
旅行会社のフリープランを利用	69,800円	上記ツアーの設定条件のとおりで利用
出発日を変更	187,800円	ゴールデンウィークの5月3日に出発
フライトを変更	76,800円	行きは少し早めのJAL907便（8:55発）、帰りは遅めのJAL918便（18:35発）で

ただし、安いツアーが結果的にお得とは限らない

部屋のタイプ、往復の交通の利用条件、特典なども比較検討を。期間限定プランも見てみよう。

こんなところに注意！
- 出発日、季節によって料金が変わる
- 宿泊施設により料金が変わる
- 利用するフライトにより料金が変わる
- 利用人数により追加料金がかかるか確認を
- 申し込み締め切り日、キャンセル料について確認を

旅のプランニング

【主要旅行会社一覧】

JTB　https://www.jtb.co.jp/
☎0570-060-489
近畿日本ツーリスト　https://www.knt.co.jp/
☎03-6857-1002（東京コールセンター）
日本旅行　https://www.nta.co.jp/
☎0570-200-001（東京予約センター）

＜沖縄の旅行会社＞
沖縄ツーリスト　https://www.ranrantour.jp/
☎050-5533-0978（沖縄予約センター）
中央トラベルエージェンシー
https://www.ctaswing.com/
☎03-6264-8112（東京）

※p.136〜p.143に掲載のデータは2019年3月現在のものです。

個別手配で旅の予約

■航空機で

同じ路線の飛行機を利用するにしても、搭乗日・時間帯、予約や購入日によって、大きな開きがある。とにかく、早めに動くのがコツ。

航空会社問い合わせ先

日本航空(JAL)・日本トランスオーシャン航空(JTA)・琉球エアーコミューター(RAC)
☎0570-025-071
https://www.jal.co.jp/
全日空(ANA)
☎0570-029-222
https://www.ana.co.jp/
スカイマーク(SKY)
☎0570-039-283
https://www.skymark.jp/

●東京〜沖縄の運賃比較

	切符の種類(ANA)	片道料金	予約期限
	フレックス(普通)	43,710円	当日
	ビジネスきっぷ	41,110円	当日
5月7日(水)	スーパーバリュー75	12,610円	75日前
ANA467便	スーパーバリュー55	13,110円	55日前
(8:35発)の	スーパーバリュー45	15,810円	45日前
場合	スーパーバリュー28	17,110円	28日前
	バリュー3	37,410円	3日前
	株主優待割引	22,060円	当日

航空路〈本土から那覇へ〉

出発地	運航会社	1日の便数	所要(往き)	所要(帰り)	普通運賃	早割	直前割・特便割
札幌(千歳)	ANA	1	3:55〜4:00	3:05〜15	66,090〜	12,590〜	44,990〜
仙台	ANA	1	3:10〜15	2:25〜30	53,430〜	10,250〜	-
新潟	ANA	1	2:55〜3:05	3:05〜10	52,920〜	12,320〜	-
茨城	SKY	1	3:15	2:30	25,000〜	7,320〜	-
東京(成田)	ANA	1	3:10〜15	2:20〜25	43,740〜	9,010〜	37,010〜
東京(成田)	JJP	2〜4	3:10〜30	2:15〜25	6,390〜	-	-
東京(成田)	VNL	2	3:30〜40	2:30〜35	7,780〜	5,780〜	-
東京(羽田)	ANA	11〜13	2:40〜3:05	2:10〜25	43,590〜	8,510〜	20,690〜
東京(羽田)	JAL	12〜15	2:45〜3:00	2:10〜20	46,090〜	8,810〜	11,910〜
東京(羽田)	SKY	6	2:55〜3:05	2:10〜20	25,190〜	9,910〜	-
静岡	ANA	1	2:45〜50	2:05〜10	42,100〜	13,020〜	37,100〜
小松	JTA	1	2:15〜40	2:15〜35	45,800〜	9,820〜	27,020〜
名古屋(中部)	ANA	2	2:25〜35	1:55〜2:05	41,310〜	9,530〜	25,110〜
名古屋(中部)	JTA	4〜5	2:15〜35	1:55〜2:10	43,370〜	8,330〜	15,630〜
名古屋(中部)	SKY	3	2:25〜35	1:55〜2:00	24,210〜	5,030〜	-
名古屋(中部)	SNA	2	2:20〜30	2:00〜2:05	38,810〜	8,730〜	29,310〜
名古屋(中部)	JJP	2	2:35	2:00	4,690〜	-	-
大阪(関西)	ANA	3〜4	2:15〜25	1:55	37,230〜	7,650〜	19,930〜
大阪(関西)	JTA	3	2:00〜2:20	1:45〜2:00	38,830〜	8,050〜	12,630〜
大阪(関西)	APJ	3	2:25	1:55	9,520〜	4,890〜	-
大阪(関西)	JJP	2〜4	2:15〜25	1:55〜2:00	2,790〜	-	-
大阪(伊丹)	ANA	3〜5	2:15〜25	1:45〜2:00	37,060〜	8,980〜	20,460〜
大阪(伊丹)	JAL	2	2:10〜2:15	1:50〜2:00	38,780〜	8,980〜	13,480〜
神戸	SNA	3	2:10〜20	1:45〜1:55	32,500〜	5,720〜	14,600〜
神戸	SKY	2〜3	2:05〜15	1:50〜55	23,900〜	5,720〜	-
岡山	JTA	1〜2	2:05〜10	1:50	38,400〜	9,820〜	27,020〜
広島	ANA	1	2:00	1:45	33,900〜	10,520〜	28,600〜
岩国	ANA	1	2:05	1:45	34,020〜	10,520〜	28,720〜
高松	ANA	1	2:10〜15	1:50〜55	35,820〜	11,420〜	30,320〜
松山	ANA	1	2:00	1:45	33,100〜	10,320〜	26,600〜
北九州	SFJ	1	1:45	1:40	22,000〜	6,800〜	7,500〜
福岡	ANA	7〜8	1:40〜50	1:35〜45	29,660〜	7,020〜	20,000〜
福岡	JTA	6	1:35〜2:00	1:35〜45	31,020〜	7,020〜	10,920〜
福岡	SKY	4	1:45〜2:00	1:45〜50	19,900〜	4,920〜	-
福岡	APJ	2	1:45	1:45	9,120〜	3,990〜	-
長崎	ANA	1	1:40	1:30	29,300〜	10,320〜	24,700〜
熊本	ANA	1	1:40	1:30	28,900〜	8,920〜	23,600〜
宮崎	SNA	1	1:25	1:35	27,820〜	11,820〜	20,000〜
鹿児島	SNA	2	1:25〜30	1:35〜45	28,920〜	11,820〜	19,500〜

(単位:円)

※上記のデータは2019年3月現在のもの。普通運賃は通常期の運賃を示しています。
該当路線には国内線旅客施設使用料は含まれていない場合もあります。
便数は下り便を記しています。所要時間は天候や気流の関係で変わるので、目安としてご利用ください。

安く航空券を購入する方法

少しでも安く航空券を手に入れるには、面倒がらずに自分であれこれチャレンジしてみるのが大切。

● その1　LCC（格安航空会社）もチェック

那覇への便は、スカイマークが東京（羽田）、茨城、名古屋（中部）、神戸、福岡から、peachが関空と福岡から、ジェットスターが東京（成田）、名古屋（中部）、関空から、バニラエアが東京（成田）から、ソラシド・エアが名古屋（中部）、神戸、宮崎、鹿児島から、トランスオーシャンが小松、名古屋（中部）、関空、岡山、福岡から、スターフライヤーが北九州から、それぞれ結ぶ路線を就航している。

● その2　早めに予定を立てる

個別手配で準備をしてチケットを購入するなら、一日も早く予定を立てよう。国内便は搭乗28日前を過ぎると運賃はぐんと高くなるので、それ以降は旅行会社のフリープランをチェックしてみよう。また、発売開始直後でも割引の座席が満席の場合、諦めずに予約期間の間に再度アクセスしてみよう。割引率の高い航空券は予約日を含めて3日以内（チケットによっては当日のみの場合も）が購入期限なので、購入前にキャンセルされて空きが出る可能性もある。

● その3　マイレージ利用の人と一緒に安く行く

ANAの「いっしょにマイル割」やJALの「マイル＆おともde割引」を使うと、マイレージサービスの特典航空券利用者を含む2〜4名のグループで、同一便に搭乗、同一路線を往復する場合に、安い料金で利用できるサービスがある。予約・購入はホームページから。ただし、席数、予約期間、利用期間に制限があるので注意。

● その4　株主優待券を使う

航空会社の株主優待券を利用すると普通運賃が約50％引きになる。ANAの株主優待券の場合は金券ショップなどでも入手でき、相場は4000円から6000円程度（時期により変動する）。例えば2019年5月7日の場合、東京から那覇まで4万3710円は約50％引きの2万2060円（ともに羽田空港使用料290円含む）。株主優待券が1枚5000円だとすると合計しても2万7060円となる。普通運賃と同じ扱いなので、当日まで予約ができるうえに、航空券購入後の予約変更も可能。

■船舶で

那覇へは、鹿児島から長距離フェリーが出ている。のんびりとした船の旅は、最高の贅沢かもしれない。

ピーチ（peach）（APJ）
📞0570-001-292
https://www.flypeach.com/pc/jp/
ジェットスター（JJP）
📞0570-550-538
https://www.jetstar.com
バニラエア（VNL）
📞0570-6666-03
https://www.vanilla-air.com
ソラシド・エア（SNA）
📞0570-037-283
https://www.solaseedair.jp
スターフライヤー（SFJ）
📞0570-07-3200
https://www.starflyer.jp

● スカイマーク（SKY）は、たす得、いま得、u21直前割、シニアメイトといった割引がある（2019年2月現在）。

船舶会社問い合わせ先

マルエーフェリー
📞098-861-1881
http://www.aline-ferry.com/
マリックスライン
📞099-225-1551
http://www.marixline.com/

鹿児島 → 奄美、徳之島、沖永良部、与論 → 約25時間30分 → 那覇　15,200円　マルエーフェリー／マリックスライン

※運賃には燃料油価格調整金が含まれています（2019年2月現在）。

■宿泊予約について

宿泊施設の当たりはずれで、旅の印象ががらりと変わってしまうもの。自分の目的、予算に合った宿を探そう。また、トラブルを避けるため、予約の内容はしっかり確認しよう。

●インターネットで予約

インターネットで宿泊を予約できるサイトは多々あって、安い料金で泊まれる場合もある。画面に従って日程、宿泊人数、場所、予算などの条件を入力すると、その時点で空室のあるホテルが一覧できるので、比較検討したうえで予約ができるようになっている。また、個々のホテルや民宿でも宿泊施設が運営する公式サイトなどで予約した場合のみ、割引料金が適用されることもある。

～ホテル公式HPと旅行会社HPから検索した一例～
ホテル日航アリビラ　朝食付2名1室利用の1名料金

ホテル公式ホームページ 客室料金	23,760円～	「スーペリアツイン」朝食付 (連泊割引なし)
ホテル公式ホームページ 客室料金	9,360円～	「スーペリアツイン」朝食付 (連泊割引なし) 75日前予約
ホテル公式ホームページ 客室料金	9,500円～	「スーペリアツイン」朝食付 (連泊割引なし) 55日前予約
JTB	9,500円～	「スーペリアツイン」朝食付28日前予約
近畿日本ツーリスト	11,500円～	「スーペリアツイン」朝食付28日前予約
HIS	11,400円～	「スーペリアツイン」朝食付28日前予約

※安いプランが必ず得とは限らないので、部屋の広さや位置、サービス内容なども比較検討しよう。

沖縄の宿探しに要チェックのホームページ

●楽天トラベル
https://travel.rakuten.co.jp/
●一休.com
https://www.ikyu.com/
●たびらい 沖縄発！
https://www.tabirai.net/sightseeing/okinawa/

楽天トラベル
最大手の宿泊予約サイト。全国2万8000軒以上のホテル・旅館の予約ができる。それぞれのホテルについて利用者の投稿欄もあり、参考になる。

一休.com
高級ホテル・旅館などの割安プランも扱う予約サイト。ホテル・旅館のクチコミ投稿もあり、その人気度から宿を決めるのもひとつの方法。

たびらい沖縄発！
沖縄専門の総合予約サイト。現地のローカル旅や格安ホテルが充実するほか、早割りや直前割り、金券付きプランもあり。

●民宿は自分で予約を

民宿の場合、旅行会社の協定に指定されているところが少ないため、自分で予約することになる。料金は素泊まり3000円が相場というところ。空港や港までの送迎の有無、冷房が自由に使えるかどうかも、事前に確認したほうがいい。仮に宿泊代が3000円だとしても、空港からのバスやタクシー代、コインクーラー代(夏場)が別にかかるとしたら、送迎付き、クーラー込みで5000円のほうが安いこともある。また、離島では、2食付、3食付が基本となる宿もある。食事を付けない場合は、周辺に食事処や商店があるかどうか聞いてみよう。

POINT

沖縄での交通アクセス

■レンタカー編

限られた時間を最大限に活用するなら、レンタカーが一番便利。時間のロスが少なく、行動範囲を広げることもできる。

●フリープラン型ツアーのオプションを利用する

レンタカーを利用する予定なら、旅行会社で往復の航空券やホテルを予約する際に、レンタカーも申し込んでおこう。個別にレンタカーを予約するよりも割安になる場合が多く、旅行会社ですべて手配してもらえるので予約の手間もかからない。

●自分で予約する

レンタカー会社が多い沖縄では、車種も豊富にそろう。ただし、出発前に予約したほうが希望の条件で借りられる確率は高く、早めの予約で安くなるプランもある。

通常料金と早割価格の比較
OTSレンタカーでSクラス(ヴィッツなど)を1日借りた場合(当日利用)

通常	4,320円〜（免責込）
早期割	3,240円〜（免責込）

レンタカー会社 問い合わせ先

OTSレンタカー
☎0120-34-3732
☏098-856-8877
https://www.otsinternational.jp/

日産レンタカー
☎0120-00-4123
https://nissan-rentacar.com/

トヨタレンタカー
☎0800-7000-111
https://rent.toyota.co.jp/

サンキューレンタカー
☎0120-390-841
http://www.thankyou-car.net/

スカイレンタカー
☏098-859-6505
https://www.skyrent.jp/

［こんなトラブルに注意！］

「渋滞にはまってしまった」
⇒那覇の国際通りの周辺は慢性的に渋滞しているので、避けたほうが賢明。とくに朝と夕方は、一般車が進入禁止になったり、バス専用レーンができたりするので要注意(p.27参照)。

「スピードを出し過ぎた」
⇒沖縄自動車道では、ほとんど渋滞することがないので、ついスピードを出してしまいがち。制限速度は80kmであることを忘れずに。覆面パトカーが常時パトロールしている。

「飛行機に乗り遅れた」
⇒レンタカーを返すのが旅行最終日なら、最後にガソリンを入れたり、精算したりする時間も考えて、余裕をもって行動しよう。ガソリンスタンド捜しには思いのほか時間がかかることが多い。

TEKU TEKU COLUMN

台風で飛行機が欠航した場合どうなる？

基本的には飛行機の運航が可能になり次第、ほかの便と振り替えてくれる。

●個人チケットの場合、搭乗予定の航空会社カウンターで「特別空席待ち整理券」を受け取る。欠航だとわかったら空港のカウンターで手続きが必要になる。整理券は連続した番号で、台風の影響がなくなるまで発行してくれる。飛行機が運航し始めたら、整理券の番号が呼ばれるので搭乗手続きをする。台風による混乱を早めに終わらせるために臨時便を運航することがあるので、常に空港のアナウンスに注意しよう。

●団体チケットの場合、パッケージツアーに添乗員が同行しているときは、添乗員の指示に従う。フリープランなど添乗員がいない場合、空港内に設置されている主催旅行会社のカウンターで指示を受け、航空券か「搭乗券引換証」を受け取る。

旅のプランニング

■路線バス編

　那覇市内の「ゆいレール」運行区間外で、沖縄本島内を公共交通機関で回るなら、路線バスを利用することになる。沖縄のバスは乗車時に整理券を取り、降車時に運賃を支払うスタイルだ。

●バス料金の目安

　市内線として運行するバスは、路線番号1番～18番で、料金は一律230円。市外線のバスは、路線番号20番以降（96番を除く）で、料金は初乗り那覇市内230円、その他の地域では距離により異なる。

路線バスの問い合わせ先

沖縄県バス協会
https://www.bus-okinawa.or.jp
バスなび沖縄
https://www.busnavi-okinawa.com
平安座総合開発
☎098-977-8205
国頭村営バス
☎0980-41-2101

主な観光地へのバス路線　※運行頻度は土曜・休日のもの

エリア	主な観光地	路線番号	路線色	路線名	始点	経由	運行頻度
那覇～南部・南部エリア内	那覇～南部・南部エリア内 旧海軍司令部壕	446		那覇糸満線	那覇BT	豊見城公園前	土曜29往復、休日26往復
	知念海洋レジャーセンター 斎場御嶽	38		志喜屋線		開南・与那原	下り19本、上り18本
	新原ビーチ	39		百名線	那覇BT	国場・与那原	下り11本、上り13本
	おきなわワールド（玉泉洞）	83		玉泉洞線		開南・東風平	1日11往復
	おきなわワールド	54		前川線		開南・東風平	1日2往復
	ひめゆりの塔・平和祈念公園	82		玉泉洞糸満線	糸満BT	ひめゆりの塔前	1日11往復
那覇～中部・中部エリア内	首里（山川）→空港	125		普天間空港線	那覇空港	山川	下り17本、上り15本
	北谷・むら咲むら・残波岬	228		読谷おもろまち線	おもろまち駅前	嘉手納・楚辺	1日10往復
	北谷・やちむんの里・座喜味城	29		読谷線	那覇BT	喜名・座喜味	下り5本、上り3本
	コザ（日曜運休）	113		具志川空港線	那覇空港	沖縄自動車道	1日6往復
	コザ・勝連場跡	227		屋慶名おもろまち線	おもろまち駅前	コザ・安慶名	土曜12、休日3往復
	コザ・勝連城跡	52		与勝線	那覇BT	大謝名・コザ	土曜22、休日14往復
	海中道路・伊計島	**		伊計屋慶名線（平安座総合開発）	与那城支所	平安座島・宮城島	1日6～7往復
那覇～北部	北谷・琉球村 西海岸リゾートエリア	20		名護西線	那覇BT	牧志	下り8本、上り4本
	北谷・琉球村 西海岸リゾートエリア	120		名護西空港線	那覇空港	恩納	下り24本、上り28本
	名護	111		高速バス	那覇空港	沖縄自動車道	下り14本、上り13本
北部エリア内	海洋博公園・備瀬	70		備瀬線	名護BT	第二伊豆味	1日2往復
	DINO恐竜PARK・渡久地港・瀬底島	76		瀬底線	名護BT	第二伊豆味	1日2往復
	海洋博公園・今帰仁城跡（半島右まわり）	65		本部半島線	名護BT	備瀬	1日16本
	今帰仁城跡・海洋博公園（半島左まわり）	66		本部半島線	名護BT	備瀬	1日16本
	芭蕉布会館・オクマビーチ	67		辺土名線	名護BT	大宜味	1日16往復
	茅打ちバンタ・辺戸岬・奥	**		奥線（国頭村営バス）	辺土名BT	辺戸岬	1日3往復

BT＝バスターミナル

本島の祭りとイベント

沖縄ならではの古くから伝えられてきた伝統行事が今もなおそれぞれの地域で大切に保存・継承されている。そんな文化と伝統に触れる旅も楽しいものだ。

1・2月

首里城公園新春の宴
首里城公園
琉球王朝の正月行事に関連した催事及び宮廷舞踊を中心とした古典芸能を中心とした催事を行なう。一部入場料が必要。
1月1日～3日／首里城公園管理センター ☎098-886-2020

もとぶ八重岳桜まつり
八重岳桜の森公園
日本一早い桜祭り。標高453mの八重岳山腹には約7000本の寒緋桜が咲き乱れ、山全体がピンク色で彩られる。
1月19日～2月3日／本部まつり実行委員会 ☎0980-47-2700

今帰仁グスク桜まつり
今帰仁城跡
雄大な今帰仁城跡での桜が楽しめる。城壁から望める東シナ海の景観がすばらしい。
1月26日～2月11日／今帰仁村グスク交流センター ☎0980-56-4400

恩納村産業まつり
恩納村コミュニティセンター周辺
恩納村の特産品が並ぶ産業まつり。陶芸や琉球ガラスなどの展示販売もあるので、掘り出し物をゲットしたい。
2月9・10日／恩納村役場商工観光課 ☎098-966-1280

読谷やちむん市
JAファーマーズゆんた市場横の広場
やちむんの里、読谷村で活躍している各窯元がその作品を展示即売し、より多くの人に「やちむん」に親しんでもらう。
2月23・24日／実行委員会（共同販売センター） ☎098-958-1020

3・4月

波の上ビーチ海開き
那覇市波の上ビーチ
那覇空港からクルマで6分のビーチ。安全祈願祭や初泳ぎ、ビーチフラッグなどのイベントを実施。
4月第1日曜／うみそら公園管理事務所 ☎098-863-7300

あざまサンサンビーチ海開き
あざまサンサンビーチ
安全祈願祭や初泳ぎ、ステージでのイベントなどを楽しめる。
4月下旬の土・日曜／あざまサンサンビーチ ☎098-948-3521

5・6月

那覇ハーリー
那覇新港埠頭
那覇のハーリーは、船体が大きく船首に龍頭、船尾に龍尾をかたどり黒、黄、緑の3色の船が競漕を行なう。
5月3日～5日／那覇ハーリー実行委員会 ☎098-862-1442

糸満ハーレー
糸満漁港
海神に航海安全、豊魚を祈願する祭りで中国から伝わったとされる。糸満では古代衣装をまといハーレー競漕を行なう。
6月6日（旧暦5月4日）／糸満ハーレー行事委員会 ☎098-992-2011

7・8月

シーポートちゃたんカーニバル
北谷公園サンセットビーチ
サップポロ大会やウォーターバトルなどの競技のほか、マリンコンサート、水上花火など、海をテーマにした催しを開催。
7月21・22日／北谷町観光協会 ☎098-926-5678

海洋博公園サマーフェスティバル
海洋博公園
海洋博公園を舞台にして繰り広げられる夏の一大イベント。サマーフェスティバルのメインイベントは県下一の規模の花火大会。
7月中旬／海洋博公園 ☎0980-48-2741

浦添てだこまつり
浦添運動公園
琉球王国時代をテーマにした「浦添三大王統まつり」や生ライブなど、2日間にわたって数多くのイベントを楽しめる。
7月下旬(2017年)、10月下旬(2018年)／浦添市市民生活課 ☎098-876-1234

一万人のエイサー踊り隊
国際通り（那覇市）
那覇市のメインストリートの国際通りで、およそ1万人の参加者が幻想的で勇壮なエイサーを演舞する。
8月4日／実行委員会 ☎098-863-2755

144

※掲載している情報は2019年のもの（予定）です。開催や開催日は変わる可能性もありますので、お出かけ前に最新の情報をご確認ください。

7・8月

与那原大綱曳まつり
与那原町青少年広場

直径1m、長さ100mの大綱曳をメインにエイサー、角力大会、舞台イベント、花火大会などが行なわれる。
8月3・4日／与那原町観光商工課 ☎098-945-5323

宜野湾はごろも祭り
宜野湾海浜公園

コンサート、歴史絵巻行列、そして目玉はカチャーシー大会。誰でも参加できるので踊りの輪に入ってみよう。
8月下旬～9月下旬の土・日曜／はごろも祭り実行委員会 ☎098-897-2764

沖縄全島エイサーまつり
沖縄市コザ運動公園、胡屋十字路

沖縄各地で行なわれているエイサーを一堂に集めるイベント。地域ごとに特色あるエイサーが見られる。
8月23日～25日／実行委員会 ☎098-937-3986

塩屋湾の海神祭（ウンガミ）
大宜味村塩屋湾

旧暦7月に行なわれている海のかなたにあると信じられている世界・ニライカナイからの来訪神を迎え村の繁栄を願う。
8月25日(旧暦盆明けの初亥の日)／大宜味村塩屋区公民館 ☎0980-44-2453

9・10月

糸満大綱引
糸満ロータリー～白銀堂

練り歩く仮装行列の後、直径1.5m、長さ180mの大綱を引く綱引きは誰でも参加できる。
9月13日(旧暦8月15日)／糸満大綱引行事委員会 ☎098-840-8135

首里城公園「中秋の宴」
首里城公園

中国皇帝からの使者である「冊封使」をもてなした冊封七宴のひとつを再現。組踊や琉球舞踊(古典)などが披露される。
9月14・15日(旧暦8月15日前後)／首里城公園管理センター ☎098-886-2020

野國總管まつり
嘉手納町兼久海浜公園

中国から沖縄にサツマイモを伝えた嘉手納町出身の野國總管。創作芝居「野國總管」及び伝統芸能、古典音楽斉唱などが行なわれる。
10月上旬の土・日曜／実行委員会 ☎098-956-1111

那覇大綱挽まつり
国際通り、国道58号久茂地交差点、他

300年の伝統、大綱挽をメインに市民演芸、民族伝統パレード、市民フェスティバルなどが3日間に渡って行なわれる。
10月12～14日／那覇大綱挽まつり実行委員会 ☎098-862-3276

首里城祭
首里城公園、他

首里城公園と城下町首里を舞台に行なわれる古式ゆかしい祭り。王朝時代の名残を今に味わいながら楽しめる。
10月下旬～11月上旬／首里城祭実行委員会 ☎098-886-2020

11・12月

琉球王朝祭り首里
首里城公園とその近辺

琉球王朝時代を偲ばせる古式行列(首里城公園～鳥堀交差点)や祝賀パレード(首里高校前～鳥堀交差点)を楽しめる。
11月3日／首里振興会 ☎098-886-5547

沖縄国際カーニバル
沖縄市コザゲート通り周辺

国際色豊かな沖縄市ならではの祭り。国際大綱引きや市民パレードをはじめ、カチャーシーのパレードなどが行なわれる。
11月23・24日／沖縄市観光物産振興協会 ☎098-989-5566

NAHAマラソン
那覇市奥武山陸上競技場

16歳以上の健康な人であれば誰でも参加可能なマラソンレース。日本を代表する市民マラソンとして親しまれている。
12月第1日曜／NAHAマラソン協会事務局 ☎098-862-9902

読谷山焼陶器市
読谷村やちむんの里

やちむん(焼物)の里として知られる読谷村で行なわれる陶器市。沖縄のやちむんを手に入れるには絶好のチャンス。
12月13～15日／陶器市実行委員会 ☎098-958-4468

摩文仁・火と鐘のまつり
沖縄平和祈念堂

大戦で亡くなった人々の鎮魂と平和を祈念して大晦日の夜から元日の朝にかけて大がかりな火を焚き、平和の鐘を鳴らす。
12月31日～1月1日／沖縄平和祈念堂 ☎098-997-3011

祭りとイベント

145

さくいん

見る&遊ぶ

──────── あ ────────
東御廻り(あがりうまーい)[首里、与那原、南城]……… 20
アメリカンビレッジ[北谷]………………………………… 73
伊江島[伊江]……………………………………………… 106
伊計島[うるま]…………………………………………… 98
浦添市美術館[浦添]……………………………………… 76
浦添ようどれ[浦添]……………………………………… 76
奥武(おう)島[南城]……………………………………… 121
エメラルドビーチ[本部]……………………………… 6、16
沖縄アウトレットモール あしびなー[豊見城]………… 118
沖縄県平和祈念資料館[糸満]…………………………… 116
沖縄県立博物館・美術館[那覇]………………………… 58
沖縄黒糖[読谷]…………………………………………… 88
沖縄市立郷土博物館[沖縄市]…………………………… 81
沖縄美ら海水族館[本部]………………………………… 18
OKINAWAフルーツらんど[名護]…………………… 105
沖縄平和祈念堂[糸満]…………………………………… 117
おきなわワールド(文化王国玉泉洞)[南城]…………… 117
オリオンハッピーパーク[名護]………………………… 101
──────── か ────────
海中展望塔・グラス底ボート[名護]…………………… 95
海中道路[うるま]………………………………………… 98
海洋博公園[本部]………………………………………… 18
垣花樋川(かきのはなひーじゃー)[南城]……………… 115
勝連城跡[うるま]…………………………………… 24、85
茅打ちバンタ[国頭]……………………………………… 109
カラハーイ[北谷]………………………………………… 74
北名護ビーチ[糸満]……………………………………… 118
喜屋武(きゃん)岬[糸満]………………………………… 116
旧海軍司令部壕[豊見城]………………………………… 115
金城(きんじょう)町石畳道[首里]……………………… 68
久高島……………………………………………… 23、121
慶佐次(げさし)川のマングローブ[東村]……………… 107
古宇利(こうり)島…………………………………… 17、106
コザゲート通り[沖縄市]………………………………… 82
コマカ島…………………………………………………… 121
──────── さ ────────
栄町市場[那覇]…………………………………………… 60
座喜味城跡[読谷]…………………………………… 24、88
サンセットビーチ[北谷]………………………………… 73
残波岬[読谷]……………………………………………… 88
識名園[那覇]………………………………………… 24、57
首里観音堂[首里]………………………………………… 68
首里城・首里城公園[首里]………………………… 24、63〜65
首里琉染[首里]…………………………………………… 67
首里杜(すいむい)館[首里]……………………………… 68
斎場御嶽(せーふぁうたき)[南城]………… 21、24、115
世界遺産座喜味城跡ユンタンザミュージアム[読谷]… 89

瀬底島[本部]……………………………………………… 106
瀬長島[豊見城]…………………………………………… 121
園比屋武御嶽(そのひゃんうたき)石門[首里]… 20、24、63
──────── た ────────
大石林山(だいせきりんざん)[国頭]…………………… 110
玉陵(たまうどぅん)[首里]…………………………… 24、63
知念海洋レジャーセンター[南城]……………………… 118
対馬丸記念館[那覇]……………………………………… 57
壺屋焼物博物館[那覇]…………………………………… 55
壺屋やちむん通り[那覇]………………………………… 55
Tギャラリア沖縄 by DFS[那覇]………………………… 59
DINO恐竜PARKやんばる亜熱帯の森[名護]………… 101
──────── な ────────
中城(なかぐすく)城跡[北中城]…………………… 24、85
中村家住宅[北中城]……………………………………… 86
なかゆくい市場[恩納]…………………………………… 97
今帰仁(なきじん)城跡[今帰仁]…………………… 24、101
ナゴパイナップルパーク[名護]………………………… 105
那覇市街角ガイド[那覇]………………………………… 68
那覇まち歩〜い[那覇]…………………………………… 60
波上宮[那覇]……………………………………………… 58
波の上ビーチ[那覇]……………………………………… 57
ニライ橋カナイ橋[南城]………………………………… 117
ぬちうなー[うるま]……………………………………… 85
ネオパークオキナワ[名護]……………………………… 101
──────── は ────────
芭蕉布会館[大宜味]……………………………………… 109
浜比嘉島[うるま]………………………………………… 98
半潜水式水中観光船マリンスター[那覇]……………… 57
ビオスの丘[うるま]……………………………………… 86
比地大滝[国頭]…………………………………………… 109
備瀬(びせ)のフクギ並木[本部]………………………… 16
ひめゆりの塔・ひめゆり平和祈念資料館[糸満]……… 116
普天満宮[宜野湾]………………………………………… 76
平和の礎(いしじ)[糸満]………………………………… 117
辺戸(へど)岬[国頭]……………………………………… 109
弁財天堂[首里]…………………………………………… 66
──────── ま ────────
牧志公設市場[那覇]……………………………………… 36
まさひろ酒造[糸満]……………………………………… 116
万座毛[恩納]……………………………………………… 94
新原(みーばる)ビーチ[南城]…………………………… 118
道の駅かでな[嘉手納]…………………………………… 81
道の駅 喜名番所[読谷]………………………………… 89
宮城島[うるま]…………………………………………… 98
水納(みんな)島[本部]…………………………………… 106
むら咲むら[読谷]………………………………………… 92
──────── や ────────
屋我地(やがじ)島[名護]………………………………… 106
やちむんの里[読谷]……………………………………… 88
読谷村伝統工芸総合センター[読谷]…………………… 89
──────── ら ────────
琉球ガラス村[糸満]……………………………………… 122
琉球漆器[糸満]…………………………………………… 122
琉球村[恩納]……………………………………………… 95

150

旅行ガイドブックのノウハウで、旅のプランを作成！

ブルーガイド トラベルコンシェルジュ

旅行書の編集部から、あなたの旅にアドバイス！

ちょっと近場へ、日本の各地へ、はるばる世界へ。
トラベルコンシェルジュおすすめのプランで、
気ままに、自由に、安心な旅へ―。

ココが嬉しい！　サービスいろいろ

◎旅行情報を扱うプロが旅をサポート！
◎総合出版社が多彩なテーマの旅に対応！
◎旅に役立つ「この一冊」をセレクト！

徒歩と電車で日本を旅する「てくてく歩き」、詳細な地図でエリアを歩ける「おさんぽマップ」、海外自由旅行のツール「わがまま歩き」など、旅行ガイドブック各シリーズを手掛けるブルーガイド編集部。そのコンテンツやノウハウを活用した旅の相談窓口が、ブルーガイド トラベルコンシェルジュです。

約400名のブルーガイド トラベルコンシェルジュが、旅行者の希望に合わせた旅のプランを提案。その土地に詳しく、多彩なジャンルに精通したコンシェルジュならではの、実用的かつ深い情報を提供します。旅行ガイドブックと一緒に、ぜひご活用ください。

■ ブルーガイド トラベルコンシェルジュへの相談方法
1. 下のお問い合わせ先から、メールでご相談下さい。
2. ご相談内容に合ったコンシェルジュが親切・丁寧にお返事します。
3. コンシェルジュと一緒に自分だけの旅行プランを作っていきます。お申し込み後に旅行を手配いたします。

■ ブルーガイド トラベルコンシェルジュとは？
それぞれが得意分野を持つ旅の専門家で、お客様の旅のニーズに柔軟に対応して専用プランを作成、一歩深い旅をご用意いたします。

ブルーガイド トラベルコンシェルジュのお問い合わせ先

Mail: blueguide@webtravel.jp
https://www.webtravel.jp/blueguide/

ブルーガイド てくてく歩き 15
沖縄・那覇

2019年6月10日　第10版第1刷発行

制作スタッフ

取材・執筆・編集	林企画工房
	肥後紀子
	御園豊子
	しかくらかおる
	稲嶺恭子
	(亜細亜包インターナショナル)
編集協力	8823堂 アイ
編集協力	株式会社千秋社
	舟橋新作
	高砂雄吾(有限会社ハイフォン)
写真	林企画工房
	今井秀治
	小林裕三
	比嘉秀明
	仲村渠ぺん
	ロフト575
	てんもり
	小早川渉
カバーデザイン	寄藤文平+鈴木千佳子(文平銀座)
イラスト (カバー+てくちゃん)	鈴木千佳子
本文デザイン設計	浜名信次(BEACH)
地図制作	株式会社千秋社
	岡本倫幸
Special Thanks to	沖縄観光コンベンションビューロー
	中村麗子　大城宗貞　高江洲等

編集	ブルーガイド編集部
発行者	岩野裕一
印刷・製本所	大日本印刷株式会社
DTP	株式会社千秋社
発行所	株式会社実業之日本社
	〒107-0062
	東京都港区南青山5-4-30
	CoSTUME NATIONAL
	Aoyama Complex 2F
電話	編集・広告 03-6809-0452
	販売　　　03-6809-0495
	http://www.j-n.co.jp/

●実業之日本社のプライバシーポリシーは上記のサイトをご覧ください。

●p.146〜149／この地図の作成に当たっては、国土地理院長の承認を得て、同院発行の数値地図50mメッシュ(標高)を使用したものである。(承認番号　平12総使、第19号)

●本書の地図の作成に当たっては、国土地理院長の承認を得て、同院発行の50万分の1地方図、20万分の1地勢図、5万分の1地形図、2万5千分の1地形図及び1万分の1地形図を使用したものである。(承認番号　平12総使、第182号)

●本書の一部あるいは全部を無断で複写・複製(コピー、スキャン、デジタル化等)・転載することは、法律で定められた場合を除き、禁じられています。また、購入者以外の第三者による本書のいかなる電子複製も一切認められておりません。

●落丁・乱丁(ページ順序の間違いや抜け落ち)の場合は、ご面倒でも購入された書店名を明記して、小社販売部までお送りください。送料小社負担でお取り替えいたします。ただし、古書店等で購入したものについてはお取り替えできません。

●定価はカバーに表示してあります。

©Jitsugyo no Nihon Sha, Ltd.2019 Printed in Japan

ISBN978-4-408-05749-1